Carien Karsten

Die Anti-Burnout-Strategie

Carien Karsten

Die Anti-Burnout-Strategie

Aus dem Niederländischen
von Waltraud Heitzer-Gores

KREUZ

Titel der Originalausgabe:
Hart aan het werk. Voorkom burnout
Uitgeverij Elmar B.V., Rijswijk – 2007/08
ISBN 978-90389-1788-7

© Text: Carien Karsten 2007/08
Für die deutschsprachige Ausgabe:
© VERLAG KREUZ
in der Verlag Herder GmbH, Freiburg im Breisgau 2010
Alle Rechte vorbehalten
www.kreuz-verlag.de

Umschlaggestaltung: [rincón]² medien gmbh, Köln
Umschlagfoto: © privat
Umschlagmotiv: © Getty Images / Paul Edmonson

Satz: de·te·pe, Aalen
Herstellung: CPI-Clausen & Bosse, Leck

Gedruckt auf umweltfreundlichem, chlorfrei gebleichtem Papier
Printed in Germany

ISBN 978-3-7831-3435-3

Inhalt

Machen Sie mehr aus Ihrem Leben

Noch ein Buch über Burnout? Es sind doch bereits einige Bücher zu diesem Thema erschienen. Aus meiner Feder ist dieser Titel sogar schon das dritte Buch über Burnout. Ich habe es nicht ohne Grund geschrieben. Was meiner Meinung nach in der Vielzahl der vorhandenen Literatur noch fehlt, ist eine Perspektive, die Burnout als Ansatzpunkt dafür wahrnimmt, mehr aus dem eigenen Leben herauszuholen.

Im vorliegenden Buch betrachte ich das Burnout-Syndrom als einen Zustand, der den Betroffenen als Ausgangslage dafür dient, sich selbst zu coachen und zu einem Leben mit mehr Freude und Befriedigung zu finden. Burnout ist ein Paradebeispiel für ein Phänomen, dem man vorbeugen kann. Ein Mensch, der in einen Burnout-Zustand geraten ist, hat sich krank machen lassen. In meiner psychotherapeutischen Praxis erlebe ich immer deutlicher, dass nicht so sehr das Krankheitsbild des Burnout-Syndroms interessant ist, sondern vielmehr die Prävention: Wie lässt sich verhindern, dass es zu dieser Krankheit kommt?

Auf der Suche nach Balance

In diesem Buch steht nicht die »objektive« Feststellung im Mittelpunkt, woran Sie leiden, sondern die Frage, wie Sie sich besser fühlen können. Burnout wird oft als Folge von zu viel und zu harter Arbeit gesehen. Das kann natürlich eine Ursache sein, aber vielen Menschen bereitet ihre Arbeit, auch wenn sie mit Stress verbunden ist, dennoch in erster Linie Freude. Das wirkliche Problem besteht vielmehr darin, dass Menschen mit Burnout aus dem Gleichgewicht geraten sind. Sie tun nicht mehr die Dinge, die ihnen wirklich wichtig sind. Darüber hinaus haben sie kein realistisches Bild davon, welchen Wert die erbrachte Leistung hat. Viele von ihnen haben die Vorstellung, das Leben würde wertvoller, wenn man mehr tut, aktiver ist. Aber ob diese Aktivitäten auch sinnvoll sind, daran zweifeln viele von uns. Das sind Momente der Krise. Viele Menschen sind ausgebrannt, weil sie so sehr in ihrer Arbeit aufgehen, dass sie vergessen, auf ihr Herz zu hören.

Trotz zahlreicher Publikationen herrscht nach wie vor Unklarheit über das Phänomen Burnout. In meiner Praxis begegne ich regelmäßig Menschen, die denken, dass sie jetzt, wo sie an Burnout leiden, in erster Linie *nichts* mehr tun sollten. Die dahinter liegende Denkweise lautet: »Früher habe ich mich bei meiner Arbeit gut gefühlt, ich habe hart gearbeitet und eines Tages war Schluss, es ging nicht mehr, ich war am Ende meiner Kräfte. Offensichtlich habe ich zu viel gearbeitet. Jetzt geht es mir schlecht, und das Beste ist, wenn ich vorerst gar nicht mehr arbeite und später, mithilfe einer Therapie, die Ursachen erkennen lerne, damit ich wieder zu Kräften komme.« Gerade durch diese passive Haltung kämpfen viele Menschen unnötig lang mit ihrem Burnout. Nicht arbeiten hilft nicht weiter, in Balance mit sich selbst kommen schon.

Folgen Sie Ihrem Herzen

Das Problem hat meistens nichts mit der Arbeit an sich zu tun, sondern mit unserer Einstellung und Haltung dazu. Wer einer Tätigkeit nachgeht, die ihm am Herzen liegt, und wer die Balance zwischen den verschiedenen Aspekten des Lebens, die ihm wichtig sind, gefunden hat, der kann Berge versetzen und hält auch Rückschläge aus. Auch der Stress allein ist nicht das Problem, eher schon die Art und Weise, wie wir mit dem Stress umgehen. Wenn Sie unter Anspannung noch mehr aus sich herausholen können, wirkt Stress positiv. Wenn Sie allerdings jede Enttäuschung wie einen zusätzlichen Stein in einem Rucksack voller schwerer Gesteinsbrocken empfinden, werden Sie letztlich erschöpft und mutlos.

In diesem Buch beschreibe ich die Wirkung meines Coachings auf erfolgreiche Menschen, die zu einem bestimmten

Zeitpunkt in ihrem Leben feststellen, dass alles, was früher so selbstverständlich erschien, nun nicht mehr selbstverständlich ist. Oft haben sie sich lange Zeit gegen die Vorstellung gewehrt, dass etwas nicht stimmt, weil sie daran gewöhnt waren, Probleme zu meistern und bei Schwierigkeiten beharrlich durchzuhalten. An sich eine gute Eigenschaft, doch wenn jemand die Signale seines Herzens nicht mehr aufnimmt, kommt es unweigerlich zu Problemen. Das Wort »Herz« ist hier in übertragenem Sinne gemeint, nicht einfach als Körperorgan. Ich entscheide mich an dieser Stelle bewusst für diesen vielleicht etwas vagen Ausdruck. In meiner beruflichen Praxis erlebe ich jeden Tag, dass Menschen besser mit ihrem Leben zurechtkommen, wenn sie ihrem Herzen folgen, das heißt, wenn sie Dinge tun, die ihrer Neigung entsprechen, und dass dann die Energie wie von selbst fließt.

Meine Herangehensweise bei Burnout ist nicht einfach auf Erholung und Rehabilitation hin orientiert. Es geht mehr darum, dass die Betroffenen Einsicht gewinnen in ihr eigenes physisches und psychisches »Funktionieren« und dass sie lernen, Entscheidungen zu treffen, die ihnen guttun. Es ist mir sehr wichtig, dass die Menschen lernen, ihre eigenen Werte zu definieren und in Übereinstimmung mit ihnen zu handeln. Dann nämlich sind sie viel motivierter, Veränderungen herbeizuführen, zu denen sie sonst nicht bereit wären.

Ein weiterer wichtiger Punkt ist, dass ich den Betroffenen, die sich an mich wenden, Einsicht in ihre oft ineffektive Arbeitsweise ermögliche. Auch bei Menschen in Toppositionen kommt das vor. Da sie gerne selbstständig handeln, versäumen sie es, andere in ihre Entscheidungen einzubinden oder Aufgaben rechtzeitig zu delegieren. Ziemlich verbreitet ist auch die Neigung, anderen Menschen zu Diensten sein zu wollen und deshalb Arbeiten zu machen, die nicht unbedingt notwendig sind.

Einsicht in die Krise

In meinem Coaching steht an erster Stelle, dass eine Person sich selbst Schritt für Schritt mit einem mehr oder weniger objektiven Blick betrachten lernt und somit in die Lage versetzt wird, sich für Aktivitäten zu entscheiden, die wertvoll sind und die zu ihr passen. In der Regel haben die Menschen, denen es gelingt, wieder mit Freude an ihre Arbeit zurückzukehren, ihr inneres Feuer wiederentdeckt. Meine Arbeitsweise ist darauf ausgerichtet, zusammen mit den Betroffenen die Quellen der persönlichen Energie zu suchen und diese Energie dann so einzusetzen, dass der betreffende Mench nicht länger von dem entfremdet wird, was ihn ursprünglich inspiriert hat. Ich zeige den Betroffenen, wie sie verhindern können, sich in der Arbeit zu verlieren. Wenn ein Mensch das macht, was ihn wirklich interessiert, heißt das nicht, dass er auf sich selbst bezogen ist, sondern dass er auf dem Weg ist, sich selbst zu verwirklichen. Dann kann man auch hart arbeiten, ohne sich selbst zu verlieren. Um so weit zu kommen, muss man sich die Krise aber erst einmal vor Augen führen. Es ist schwierig, sich eine Krise so weit einzugestehen, dass man auch bereit ist, aktiv etwas dagegen zu unternehmen. Auf der rationalen Ebene wissen wir oft genau, wo es hakt, aber unser gesamtes System scheint sich gegen Veränderung zu wehren. Einsicht allein genügt nicht, um dem Leben eine andere Richtung zu geben. Oft wissen wir ziemlich genau, was gut für uns ist, handeln aber dennoch nicht danach. Man muss auf die eine oder andere Weise emotional berührt werden, wenn man wirklich eine Veränderung im Leben durchführen will. Nicht die rationale Selbstanalyse bringt uns weiter, sondern der Schock der Erkenntnis.

Ein Selbstcoaching-Buch

Um dieser Erkenntnis einen Weg zu bereiten, möchte ich in diesem Buch berichten, wie ich Menschen behandelt habe, die mit Burnout zu kämpfen hatten. Die Betroffenen sollen dabei selbst zu Wort kommen. Meine Analyse und mein fachlicher Beitrag sind als Antwort auf ihre Fragen dargestellt.

Dieses Buch ist insgesamt wie ein real ablaufendes Coaching-Projekt aufgebaut. Dabei bediene ich mich des sogenannten Access-Protokolls®, das ich speziell für die Arbeit mit Menschen entwickelt habe, die an Burnout leiden. Die Erfahrung und verschiedene Studien zeigen, dass dieses Protokoll relativ schnell und effektiv wirkt. Es bedient sich einer Reihe von therapeutischen Maßnahmen, die im Coaching sehr gut angewendet werden können.

Ausgangspunkt ist die Sichtweise des Klienten auf sein Problem und seine Vorstellungen, wie er dieses Problem angehen möchte. (In dieser Hinsicht unterscheidet sich die hier vorgestellte Herangehensweise von Ansätzen, die *eine* spezielle therapeutische Methode bei Burnout einsetzen.) Im nächsten Schritt werden zusammen mit dem Klienten die therapeutische Möglichkeiten besprochen, die infrage kommen, um das gewünschte Ziel zu erreichen.

Das Access-Protokoll® ist nichts anderes als ein Schritt-für-Schritt-Plan. Wer verstanden hat, wie es funktioniert, kann es auch alleine anwenden. Das ist das Ziel dieses Buches. Indem Schritt für Schritt dargestellt wird, wie ich arbeite, kann der Leser die Methode bei sich selbst anwenden. Er folgt dem Coaching einer anderen Person und wird so sein eigener Coach.

Jeder Einzelschritt im Protokoll wird mit zwei oder drei Fallbeispielen eingeführt. Diese Fallbeispiele folgen einem Muster von Fragen, die ich den Klienten vorlege. Im Buch gebe ich, genauso wie in der realen Situation, regelmäßig meinen Kommentar zu den Antworten.

Das Access-Protokoll® ist so aufgebaut, dass es Einsicht in die Art und Weise vermittelt, wie Menschen arbeiten und leben, und deutlich macht, wie sie dies ausgeglichener – und damit meist auch produktiver – tun können.

Die einzelnen Abschnitte des Buches, Teil eins bis Teil sechs, folgen den Schritten des Access-Protokolls®. Thema des ersten Teils ist die Frage: Worum geht es? Haben wir es mit einem Burnout, einer Depression, mit chronischer Übermüdung, temporärem Stress, einer Angststörung, einer posttraumatischen Belastungsstörung oder mit etwas anderem zu tun? Wenn Sie verstanden haben, was mit Ihnen los ist, folgt der schwere Schritt der Akzeptanz. Der rote Faden dieses Buches ist die Frage danach, wie wir mit unserer Energie umgehen. Teil zwei setzt sich intensiv mit dieser Frage auseinander. Wie können Sie sich Ihre gute Kondition erhalten? Es geht um Atmung, gesunde Ernährung und um eine gesunde finanzielle Basis. Teil drei behandelt die Art und Weise, wie wir über uns selbst denken und was wir dabei fühlen: Wie können Sie Ihre Gedanken und Gefühle so einsetzen, dass Sie mehr Energie bekommen? Wie sieht Ihr Risikoprofil für Burnout aus? Teil vier beschäftigt sich mit dem effektiven »Funktionieren« sowohl zu Hause als auch am Arbeitsplatz. Teil fünf zeigt, wie Sie Ihre Energie in Balance bringen und erhalten können. Und der letzte Teil führt aus, wie Sie Ihren Erfolgsweg fortsetzen können. Darin werden verschiedene Gipfel-Erfahrungen beschrieben, die uns in unserem Leben mehr Richtung und mehr Tiefgang geben.

Zum Schluss: Alle Namen in diesem Buch sind frei erfunden, aber die beschriebenen Situationen haben sich wirklich so abgespielt.

Teil 1
Analyse und Akzeptanz

1. Analyse führt zu Einsicht

Milou, Robert-Jan und Paul sind drei im Berufsleben erfolgreiche Menschen, die an einem bestimmten Punkt in ihrem Leben das Gefühl haben, dass etwas schiefläuft. Sie empfinden ein Unbehagen, ohne jedoch bereits zu wissen, was mit ihnen los ist. Sind ihre Beschwerden Symptome für Überanstrengung oder Burnout, für eine Depression oder eine Angststörung? Wie dem auch sei, für alle drei gilt, dass sie ihre Situation erst verändern können, wenn sie erkannt und akzeptiert haben, dass etwas schiefgegangen ist. Das Coaching, mit dessen Hilfe sie zu dieser Einsicht gelangen, verläuft nach einem festen Schema von Fragen, das bildlich dargestellt folgendermaßen aussieht (siehe auch Seite 219):

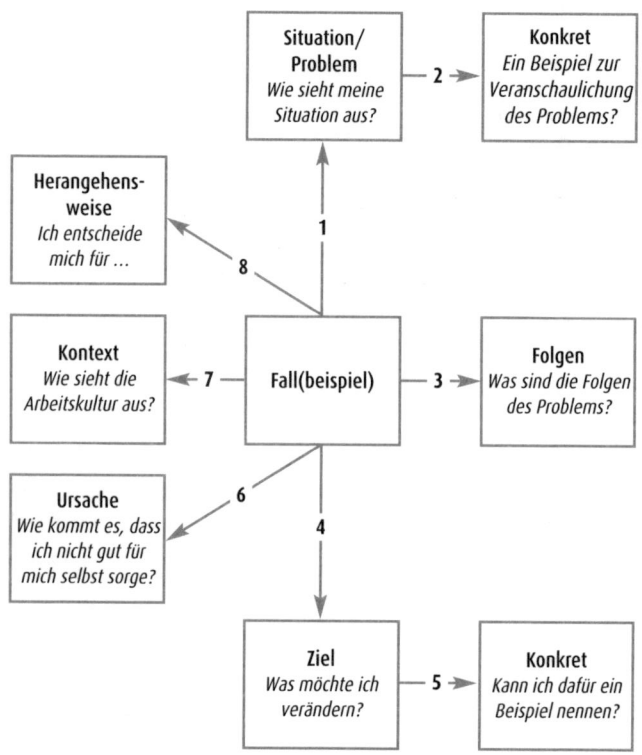

Mithilfe dieser Fragen kann sich jede Leserin und jeder Leser ein Bild ihrer beziehungsweise seiner eigenen Situation machen (nach *Wanrooy* 2007).

»Ich kämpfe immer weiter« – Milou (39)

Meine Situation

Ich habe zwei Studiengänge absolviert – Jura und Soziologie – und bin seit vier Jahren Partner in einer renommierten Anwaltskanzlei. Mein Schwerpunkt sind Firmenfusionen und Übernahmen. Das bedeutet knallharte Arbeit, manchmal in Marathonrunden, und häufig machte ich auch noch nachts weiter.

Wir arbeiten hier mit ungefähr zehn Partnern, zwanzig Anwälten, Praktikanten und Sekretärinnen. Es ist eine ziemlich große Kanzlei. Das Geschäft läuft gut, wir machen Gewinn in Millionenhöhe, aber wir haben auch hohe Kredite laufen, zum Beispiel, um die Miete für dieses Gebäude zu bezahlen. Die Kanzlei habe ich zusammen mit ein paar Kollegen aufgebaut, nachdem die vorherige Kanzlei in Konkurs gegangen ist. Das kam durch eine Forderung an uns: Ein Kollege hatte einen riesengroßen Fehler gemacht. Es waren einige hunderttausend Euro die ich damals verloren habe. Ich kann sie in der jetzigen Situation in ein paar Jahren zurückverdienen. Dafür bin ich bis zum Äußersten gegangen, arbeitete mehr als achtzig Stunden in der Woche, aber ich bin stolz auf das Ergebnis.

Ich wohne mit meinem Mann und unseren drei Kindern in einem wunderschönen Haus in einer sehr guten Gegend in der Nähe von Amsterdam. Wir haben das Glück, dass eine ältere Dame bereit war, als *Nanny* zu uns zu ziehen. Sie wohnt in einem umgebauten Pferdestall mit auf dem Grundstück. Mein Mann ist auch sehr eingespannt, er arbeitet beim Rundfunk, aber durch die *Nanny* kommen wir gut über die Runden und den Kindern fehlt es an nichts.

Ein konkretes Beispiel

Vor einigen Monaten war ich mit dem Auto zu einem Auftraggeber unterwegs und hörte während der Fahrt im Radio, dass ein junger Anwalt ganz plötzlich gestorben war. Er war für eine große internationale Anwaltskanzlei tätig gewesen. Sein Tod wurde im Zusammenhang mit der Leistungskultur in dieser Kanzlei gesehen, bei der ein 16-Stunden-Tag keine Ausnahme ist. Aber ich fragte mich, wie man denn an den Folgen harter Arbeit sterben kann? Die Erklärung war, dass gut ausgebildete, hart arbeitende junge Menschen häufig mental überbelastet und physisch unterbelastet seien. Verschiedene körperliche Beschwerden würden sie wegschlucken oder wegtrinken.

Das hat mich sehr erschreckt, ich erkannte vieles wieder. Das Verrückte ist: Ich schaffte immer alles. Ich konnte 24 Stunden am Stück durcharbeiten, auch nachts. Körperliche Beschwerden ignorierte ich einfach. Auch Erschöpfungsgefühle ließ ich nicht zu. Ich hatte ständig Probleme mit meinem Kiefer, war oft bei einem Kieferchirurgen in Behandlung und konnte einfach nicht glauben, dass Stress der Auslöser der Schmerzen sein sollte. Die letzten Monate vor meiner Krankmeldung waren extrem stressig: ein Mandant, 200 Kilometer entfernt, wöchentlich stattfindende Besprechungen mit dem Vorstand, ein Konflikt mit meinem Partner bei einem Projekt.

Eines Tages stand ich mit meiner Familie und der *Nanny* am Flughafen von Amsterdam, wir wollten für ein extra langes Wochenende nach Italien fliegen. Plötzlich wurde ich ohnmächtig und war zu nichts mehr in der Lage, konnte nicht einmal mehr mit meiner schönen Wochenendtasche in das Flugzeug einsteigen. Der Urlaub war gestrichen, ich blieb zu Hause.

Die Folgen

In meiner Arbeit, aber auch vorher schon, in meiner Ausbildung, bin ich immer über meine Grenzen hinausgegangen.

16

Für mich gab es gar keine Grenzen. Ich war immer und überall sehr gut – in der Schule, im Studium und in meiner Arbeit. Nicht vielen Frauen mit einer Familie gelingt es, Partner in einer Kanzlei zu werden. Ich bin sogar gefragt worden. Die Messlatte liegt bei mir immer wahnsinnig hoch: Ich verlange von mir selbst, fünfmal besser zu sein als andere. Das hat mich sehr erfolgreich gemacht, aber jetzt, in meinem Genesungsprozess, hilft mir der alte innere Maßstab nicht weiter. Die Beschwerden, unter denen ich heute leide, lassen sich nicht in einem großen Kampf bezwingen. Ich bleibe weiter krank, weil ich mich weigere, anzuschauen, was wirklich los ist – geschweige denn, dass ich es akzeptieren könnte. Ich kenne mich so nicht und habe so etwas in meinem Leben noch nie erlebt.

Was möchte ich verändern?
Ich würde mich selbst gern anders wahrnehmen können, mich akzeptieren, so, wie ich jetzt bin.

Kann ich das an einem Beispiel verdeutlichen?
Es ist mir noch nicht gelungen, mich als Patientin zu akzeptieren. Immer wieder denke ich mir, dass ich mich nur dumm anstelle. Es ist doch unglaublich, dass ich nicht arbeiten kann!

Wie kommt es, dass ich nicht gut für mich selbst sorge? Warum habe ich das Problem nicht erkannt und warum hat mich niemand gewarnt?
Ich war vor allem immer darauf aus, groß und erfolgreich zu sein, sodass ich selbst gar nicht bemerkt habe, als es an einer Stelle anfing, schiefzugehen. Nichts ist so großartig wie der Kick des Erfolgs und der Anerkennung. Ich war geradezu süchtig nach den bewundernden Blicken und den halb neidischen Kommentaren anderer Menschen. Ich fühlte mich in meiner Eitelkeit gestreichelt, wenn Freunde und Freundinnen bemerkten, wie erfolgreich ich doch sei. Außerdem verdiente

ich sehr gut. Ich blieb tapfer und negierte meine Bedürfnisse, wie hätte also meine Umgebung wahrnehmen können, dass es Probleme gab?

Arbeitsplatzkultur
Wenn man als Anwalt auf seine Beschwerden hört und »rechtzeitig« nach Hause geht, kann es einem passieren, dass man die ganze Kanzlei gegen sich aufbringt. Kollegen machen negative Bemerkungen wie »Hat dein Urlaub schon angefangen?« oder »Wir machen aber noch weiter«, sodass man Schuldgefühle bekommt, wenn man »rechtzeitig« geht.

Meine Kollegen in den Dreißigern, die in großen Kanzleien arbeiten, haben das größte Risiko, derlei Probleme zu bekommen. Sie haben den größten Teil ihrer Karriere noch vor sich – bei ihnen ist der Leistungsdruck besonders hoch.

Ich entscheide mich für ...
Bei mir geht es vor allem um den Kampf mit mir selbst. Ich habe sehr hohe Erwartungen, auch jetzt, in der Phase der Rückkehr an den Arbeitsplatz. Zugleich gelingt es mir nicht, diesen Erwartungen zu entsprechen. Ich erkenne mich wieder in einem Cartoon, den ich einmal gesehen habe. Dort sagt eine Frau: »Ich bin eine Perfektionistin und das führt mich in die perfekte Verzweiflung.« Mein Stress besteht darin, dass ich mich fortwährend selbst unter Druck setze. Das möchte ich verändern. Wenn ich wieder zu hohe Forderungen an mich selbst stelle, stelle ich mir diese zwei Fragen und gebe mir einen Rat:

1. Weshalb rege ich mich auf?
2. Ist es wirklich so schlimm, wenn ich nicht die Beste bin und nicht den größten Umsatz mache?
3. Stress dich nicht so mit all den Dingen, die du dir abverlangst – entdecke, welche kleinen Sachen du genießen kannst.

»Das Ruder herumreißen?« – Robert-Jan (33)

Meine Situation

Ich war ein sehr erfolgreicher Architekt. Vor zwei Jahren bin ich, mit einer internationalen Topfunktion in Aussicht, unter starken RSI-Syndrom[1]-Beschwerden und einer völligen physischen und mentalen Erschöpfung zusammengebrochen. Inzwischen murkse ich seit zwanzig Monaten an meinem Gesundheitszustand herum. Ich habe mir passende therapeutische Begleitung gesucht und mir den Rat, meine alte Beschäftigung wieder aufzunehmen, zu Herzen genommen. Mithilfe von kognitiver Verhaltenstherapie und unter Begleitung eines Psychologen, Psychiaters, eines Physiotherapeuten und eines Haptonoms[2] habe ich meine Verhaltensmuster in Bezug auf Entspannung, Bewegung, Ernährung, Arbeitseinstellung, Hobbys, soziale Kontakte und eine neue Beziehung neu sortiert. Ich bin ein talentierter Mensch, ein anerkannter Fachmann, und ich habe großes Vertrauen in mein eigenes Können.

Ein konkretes Beispiel

Dennoch bin ich bislang kaum vorangekommen, was die Wiedergewinnung meiner mentalen Belastbarkeit angeht. Ich kann, und das nur mit großer Mühe, 20 bis 24 Stunden pro Woche einfache Arbeiten erledigen, allerdings nur Aufgaben ohne Termindruck und externe Repräsentationsaufgaben. Sowohl in meinem Berufs- als auch in meinem Privatleben fühle ich mich in Bezug auf mein Funktionieren sehr stark eingeschränkt. Ich bin, um das zu illustrieren, seit 20 Monaten nicht mehr aus dieser Straße fortgewesen. Inzwischen wurde ich wieder zu 100 Prozent arbeitsfähig erklärt.

---

1 Die Abkürzung RSI steht für »Repetitive Stress Injury«. Gemeint sind damit körperliche Beschwerden durch sich wiederholende Tätigkeiten, z. B. Nacken-, Schulter- Arm- und Handprobleme (d. Ü.).

2 Die Haptonomie ist ein von Alternativmedizinern und Heilpraktikern angewandtes Verfahren, das unter anderem zur Behandlung chronischer Schmerzen eingesetzt wird (d. Ü.).

Obwohl mein Arbeitgeber mir nach wie vor vertraut und mir gern helfen möchte, habe ich immer mehr den Eindruck, dass dieses fortgesetzte Weiterkränkeln, die ausbleibende Genesung und mein instabiler Zustand vergeudete Zeit sind.

Die Folgen
Mein Fall ist ziemlich schwer, die meisten Betroffenen sind nach eineinhalb Jahren wieder einigermaßen in Ordnung. Ich weiß eigentlich auch nicht, ob ich, rückblickend betrachtet, die richtigen Begleiter hatte oder ob es schlicht und ergreifend so ist, dass ich ein paar Jahre benötige, um wieder richtig funktionieren zu können. Vielleicht muss ich eine radikale Veränderung in meinem Leben durchführen.

Was möchte ich verändern?
Ich ziehe in Betracht, entgegen der Ratschläge aller Therapeuten, das Ruder komplett herumzureißen und über einen längeren Zeitraum etwas ganz anderes zu machen. Zum Beispiel Musiker werden oder Postbote, in einer Kneipe zu arbeiten oder für lange Zeit die Strände Thailands aufzusuchen.

Habe ich ein Beispiel für das gewünschte Verhalten?
Nein, ich frage mich gerade: Ist das eine sinnvolle Strategie oder soll ich noch einmal Beratung in Anspruch nehmen, bei Personalberatern oder Therapeuten anderer Art? Gibt es erfolgreiche Beispiele dieser Herangehensweise? Vielleicht sollte ich eine Weile experimentieren und unbezahlten Urlaub nehmen und dann mal sehen, wie ich damit zurechtkomme. Nicht nur, was meine Gesundheit betrifft, sondern auch in Bezug auf die Finanzen. Ich könnte Post sortieren oder an thailändischen Stränden Eis verkaufen gehen. Nach einem Jahr könnte ich dann immer noch entscheiden, ob ich meine Karriere fortsetzen will, und wenn ja, wie ich das machen möchte.

Ich akzeptiere, dass ich nicht genau weiß, was ich will, und werde experimentieren!

Das Ruder herumreißen: erfolgreiche Beispiele

Es gibt erfolgreiche Beispiele von Menschen, die nach einer Burnout-Phase das Ruder drastisch herumgerissen haben. Vor Kurzem erzählte mir ein Klient, dass er jahrelang als Erdkundelehrer gearbeitet hatte. Der Lehrerberuf war immer sein Traum gewesen. Schon als Achtjähriger hat er stundenlang im Atlas gelesen und die Namen der Flüsse und Berge auswendig gelernt. Aber die Belastungen des Lehrerberufs kosteten ihn viel Kraft, und nach einer Burnout-Phase beschloss er, sich zum Gärtner umschulen zu lassen. Wieder hat er mit Erde zu tun, aber auf völlig andere Art und Weise. Er ist glücklich mit der Entscheidung und froh, dass er jetzt mit den Händen arbeiten und konkrete Ergebnisse seiner Arbeit sehen kann. In einem anderen Fall hatte ich mit einer Personalberaterin zu tun, die an einem Burnout litt. Nach drei Jahren war sie immer noch nicht wieder gesund und entschied sich für eine andere Arbeit. Sie arbeitet jetzt zwei Tage als Verkäuferin in einer Boutique und fühlt sich besser als je zuvor.

Tipps für einen erfolgreichen Karrierewechsel

Suchen Sie eine andere Arbeit, die sinnvoll und notwendig ist und die zu Ihrem Charakter passt. Erwarten Sie von der neuen Arbeitsstelle nicht, dass sie Ihnen Ehre, Ruhm oder Reichtum einbringt. Sie machen die Arbeit, weil es Ihnen Spaß macht, weil sie eine Herausforderung ist. Betrachten Sie die Sache wie einen Sprung ins kalte Wasser. Manchmal muss man Dinge ausprobieren, schon allein deshalb, weil man es später bereuen würde, wenn man es nicht getan hätte. Auch über Umwege kann man seine Ziele erreichen.

Ich entscheide mich für ...

Der Zufall will, dass ein Freund von mir von einem Hotelbesitzer auf Aruba gehört hat, der eine Aushilfe an der Rezeption benötigt. Ich könnte für sechs Monate dorthin gehen, bekäme Essen und Unterkunft gratis und würde sogar noch etwas verdienen. An diesem Wochenende fliege ich nach Aruba, um mir das anzusehen, und wenn es für beide Seiten passt, mache ich mich auf den Weg.

»Ich setze mir selbst nie Grenzen« – Paul (42)

Meine Situation

Ich arbeite seit zirka 16 Jahren in der Medienbranche. Angefangen habe ich als Kabelträger und bin schließlich Soap-Regisseur geworden. Diese Soap läuft bereits seit Jahren, kommt gut an und wurde vor Kurzem an einen neuen Sender verkauft, der die Serie fortsetzen wird. In den Jahren, in denen ich an der Soap gearbeitet habe, habe ich sogar mit einem Bandscheibenvorfall weitergearbeitet. Die Änderungen, die der neue Sender forderte, haben mir viel abverlangt. Ich bin stolz auf das, was ich erreicht habe, aber es hat mich ausgelaugt. Delegieren ist nicht meine stärkste Seite. Auch mein Kommunikationsstil könnte besser sein, ich mache zu oft mein eigenes Ding.

Andere sehen mich als loyal an, als harten Arbeiter, ausgestattet mit einem hohen Pflichtbewusstsein und ausgeprägtem Verantwortungsgefühl. Sie wissen, dass ich weitermache, bis ich umfalle. Durch diese Eigenschaften ist die Balance zwischen Arbeit und Leben gestört und ich habe in den letzten Jahren keine Zeit mehr für mich selbst gehabt. Ich war ständig für meine Arbeit oder für meine Familie da.

Ein konkretes Beispiel

In der Arbeit eskalierten die Probleme mit dem Autorenteam. Ich habe die Kontrolle über mich selbst verloren und konnte nicht mehr aufhören zu weinen.

Die Folgen

Schon seit Monaten leide ich unter stechenden Schmerzen im Körper und Muskelziehen. Es ängstigt mich zunehmend. Oder ich fühle mich gleichgültig, sogar depressiv, nichts begeistert oder interessiert mich dann noch. Ich ziehe mich zurück, beantworte keine Anrufe, habe Angst, dass andere dauernd etwas von mir wollen. In letzter Zeit bin ich vergesslich. Ich kann mich nicht konzentrieren und habe Mühe, verschiedene Dinge gleichzeitig zu tun. Ich schrecke vor den Dingen zurück, die ich tun muss.

Was möchte ich verändern?

Ich habe eine junge Familie, eine vierjährige Tochter und einen einjährigen Sohn. Meine Frau ist glücklich mit ihrer Arbeit als Headhunter. Sie arbeitet vier Tage in der Woche. Der Plan ist jetzt: Abstand gewinnen und durch eine Reise von drei, vier Monaten mit der Familie durch Australien, alles abgestimmt mit meinem Arbeitgeber, wieder gesund zu werden.

Kann ich das an einem Beispiel verdeutlichen?

Vor zehn Jahren habe ich meine Arbeitsstelle gekündigt und bin mit meiner Frau um die Welt gereist. Wir hatten eine wunderbare Zeit und hinterher ging es mit der Arbeit wieder gut. Das war sehr gut, aber eine wirkliche Entscheidung habe ich damals nicht getroffen.

Wie kommt es, dass ich nicht gut für mich selbst sorge?

Dadurch, dass mein Augenmerk auf der Arbeit und der Familie liegt, habe ich mich selbst verloren. Wenn ich jetzt darüber nachdenke, erkenne ich, dass ich sehr lange für andere gelebt habe. Mein Vater hat meine Mutter im Stich gelassen, als ich geboren wurde. Sie waren nicht verheiratet gewesen. Kurz danach hat meine Mutter den besten Freund meines Vaters geheiratet. Mein Stiefvater und sie haben dann noch vier Kinder bekommen. Ich habe eine sehr gute Beziehung zu meinem Stiefvater, aber mir wird jetzt richtig bewusst, dass ich von Anfang an gedacht habe: Solange ich sehr gute Leistungen bringe und gut für alle sorge, gehöre ich dazu. Ein bedingungsloses Da-sein-Dürfen, ein Akzeptiertwerden, wie ich das bei anderen Menschen manchmal erlebe, das habe ich nie gekannt. Ich habe immer das Gefühl gehabt, etwas dafür tun zu müssen.

Ich entscheide mich für...
Was ich wirklich will, ist, mein eigener Chef zu sein. Ich habe viele Ideen, die ich in der Firma nicht einbringen kann. Mein Stiefvater war Unternehmer und möchte gern in meinen Betrieb investieren. Auch meine Frau steht zu dem Risiko, das eine eigene Firma nun einmal mit sich bringt. Ich werde kein Sabbatjahr einlegen, aber ich werde meine Pläne für die eigene Firma ausarbeiten und Kontakte für Aufträge knüpfen. So etwas gibt mir viel Energie.

2. Ist es Burnout oder etwas anderes?

Ist es wirklich ein Burnout, an dem Sie leiden? Sie wissen, dass etwas mit Ihnen nicht stimmt, aber Sie zweifeln an der Diagnose. Ihre behandelnden Therapeuten widersprechen sich. Tests können eine Richtung vorgeben, aber Sicherheit haben Sie damit nicht.

Burnout kann mit verschiedenen körperlichen Beschwerden einhergehen. Vielen Menschen erscheint es attraktiv, sich gerade darauf zu konzentrieren, sodass sie die Lösung des Problems an die Mediziner »delegieren« können, anstatt selbst Entscheidungen im eigenen Lebensrhythmus zu treffen. In dem auf Seite 26 abgebildeten Schema finden Sie globale Beschwerdebilder, die zu unterschiedlichen Zuständen von Unausgeglichenheit im Leben gehören.

Diagnose

Sie sind sich nicht im Klaren darüber, was genau mit Ihnen los ist und fühlen sich unsicher. Sie haben vielleicht im Internet nach dem Stichwort Burnout gesucht, und möglicherweise hat man Ihnen empfohlen, Gegenmaßnahmen zu ergreifen. In einem anderen Fall hat jemand mit denselben Beschwerden zu hören bekommen, dass er oder sie an einer Panikstörung leide, und wieder ein anderer soll an einer posttraumatischen Belastungsstörung leiden. Wenn Sie eine sichere Diagnose haben wollen, begeben Sie sich in professionelle Hände. Dort wird die Diagnose nicht nur aufgrund der Symptome erstellt, sondern unter Einbeziehung Ihrer Vergangenheit und Ihrer Persönlichkeit.

Die Diagnosen mit den typischen Symptomen, wie im Folgenden beschrieben, zeigen, dass es Überschneidungen bei den Symptomen gibt. Der Grund dafür ist, dass bei all diesen Krankheitsbildern von einer neurohormonellen Störung auszugehen ist.

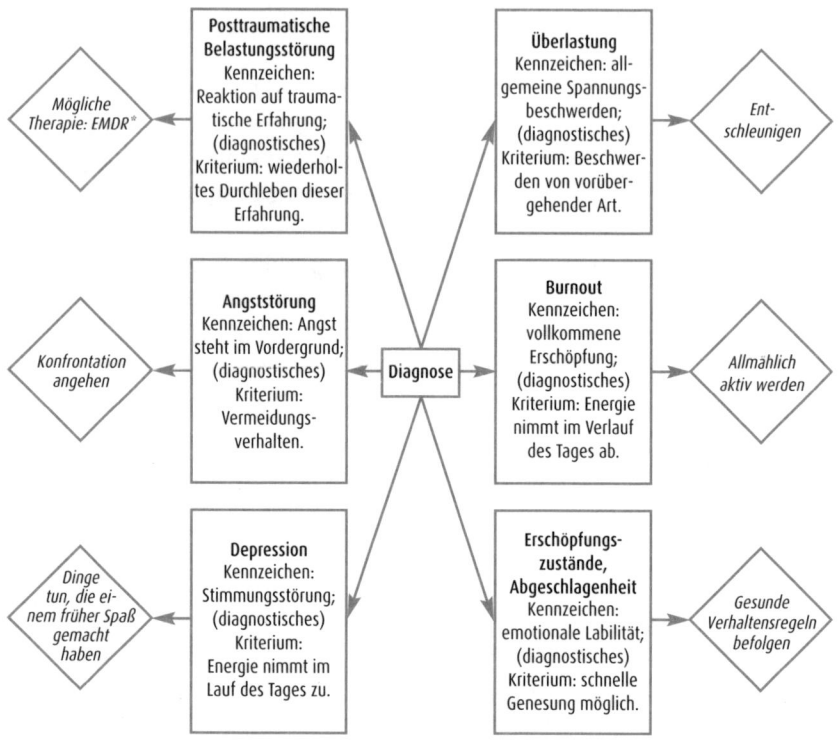

Mögliche Therapie: EMDR*

Posttraumatische Belastungsstörung
Kennzeichen: Reaktion auf traumatische Erfahrung; (diagnostisches) Kriterium: wiederholtes Durchleben dieser Erfahrung.

Überlastung
Kennzeichen: allgemeine Spannungsbeschwerden; (diagnostisches) Kriterium: Beschwerden von vorübergehender Art.

Entschleunigen

Konfrontation angehen

Angststörung
Kennzeichen: Angst steht im Vordergrund; (diagnostisches) Kriterium: Vermeidungsverhalten.

Diagnose

Burnout
Kennzeichen: vollkommene Erschöpfung; (diagnostisches) Kriterium: Energie nimmt im Verlauf des Tages ab.

Allmählich aktiv werden

Dinge tun, die einem früher Spaß gemacht haben

Depression
Kennzeichen: Stimmungsstörung; (diagnostisches) Kriterium: Energie nimmt im Lauf des Tages zu.

Erschöpfungszustände, Abgeschlagenheit
Kennzeichen: emotionale Labilität; (diagnostisches) Kriterium: schnelle Genesung möglich.

Gesunde Verhaltensregeln befolgen

* EMDR = Eye Movement Desensitization and Reprocessing

1. Überlastung

Sie schlafen schlechter und haben keine Lust mehr, zur Arbeit zu gehen. Auch für Unternehmungen nach der Arbeit fehlt Ihnen der Antrieb. Die kleinen Dinge, die Sie normalerweise so genießen können, sprechen Sie nicht mehr so an. Es sind vor allem Reize von außen, vor denen Sie sich jetzt am liebsten verschließen. Mit Freunden und Bekannten zu plaudern wird Ihnen schnell zu viel: Sie jammern Ihnen zu viel. Sie merken, dass Sie die Dinge nicht mehr so leicht loslassen können, in der Arbeit halten Sie sich mehr mit Details auf. Sie hören, wie andere bemerken, dass Sie möglicherweise die Arbeit nicht mehr im Griff haben. Unsinn, denken Sie sich,

ich brauche einfach mal wieder Urlaub, dann würde es gleich wieder besser gehen.

2. Burnout

Drei Elemente sind für das Burnout-Syndrom bezeichnend: das Gefühl der Erschöpfung, das Gefühl der Entfremdung und ein reduziertes Gefühl von Kompetenz. Die Diagnose »Burnout-Syndrom« ist in der Medizin oder der Psychiatrie keine gültige Diagnose. Es hängt immer auch von den Ärzten und Therapeuten ab, wie man Ihre Diagnose benennt. Der Hausarzt wird von Überarbeitung sprechen oder von Abgeschlagenheit und Erschöpfung. Psychologen und Psychiater verwenden für die Diagnostik das allgemeine psychiatrische Diagnosesystem DSM-IV und werden Ihre Beschwerden als somatoforme Störungen oder Anpassungsstörungen bezeichnen.

Burnout könnte man als einen Prozess beschreiben, bei dem die Arbeit Ihnen mehr Energie abverlangt, als sie Ihnen zurückgibt. Auffallend ist, dass der Prozess, der zum Burnout führt, eine kontinuierliche Abwärtsbewegung ist mit unmerklichen Steigungen, mit Höhen und Tiefen. Wenn die Tiefen noch tiefer werden und die Höhen weniger hoch, spüren Sie, dass Sie sich nach Stressmomenten weniger gut regenerieren. Dann sind Sie in der Gefahrenzone des Ausbrennens. Oft wird nicht erkannt, dass etwas nicht stimmt. Man denkt: Wenn erst einmal dieser Stapel von meinem Schreibtisch weggearbeitet ist, dann geht es schon wieder. Oder: Nach dem Urlaub wird alles wieder in Ordnung sein.

Die Abwärtsspirale endet mit dem Gefühl der völligen Erschöpfung und der Ohnmacht. Manchmal erleben die Betroffenen auch Gefühle von Unwirklichkeit und entwickeln negative Gedanken über die eigene Arbeit, das eigene Wissen und Können und die Kollegen.

Weitere Symptome bei Burnout sind das Gefühl des Kontrollverlusts, der Ohnmacht, Konzentrationsprobleme, Vergesslichkeit; die Unfähigkeit, zwei Dinge gleichzeitig zu tun kann dazu führen, dass man schnell gereizt ist, sich von sich selbst und von anderen Menschen entfremdet fühlt. Ohne den geringsten Anlass fühlt man sich ängstlich oder erlebt sogar Panikanfälle. Vielleicht wird man von Schuldgefühlen geplagt oder von dem Gefühl, zu versagen. Man fühlt sich weniger kompetent als vorher. Entspannung ist nicht mehr selbstverständlich. Möglicherweise greift man früher als sonst zum Glas Bier oder Wein und braucht mehr davon als früher, um zur Ruhe zur kommen.

Das Gefühl der Unwirklichkeit

Jessica hat sich vor zwei Monaten wegen eines Burnouts krankgemeldet. Die Ursachen sind ihr bewusst. Sie ist bei alkoholkranken Eltern aufgewachsen. In den letzten Jahren hatte sie alle Hände voll zu tun, da ihre depressive und suizidale Mutter regelmäßig in eine Klinik eingeliefert werden musste. Sie hat eine Arbeitsstelle in der Forschung, die viel Konzentration erfordert. Obwohl sie gerade mit ihrem Freund in eine gemeinsame Wohnung eingezogen ist, zweifelt sie, ob er der Richtige ist – wegen dieser Zweifel hat sie Schuldgefühle.

Vor etwas mehr als zwei Monaten zerbrach etwas in ihr. Zunächst konnte sie einen Monat lang nur im Bett liegen, weinen und grübeln. Sie schlief schlecht, fühlte eine permanente Spannung im Körper und war zu müde, um die kleinste Kleinigkeit zu tun.

Dann ging es eine Woche etwas besser, aber nach dieser Woche kam die Schlaflosigkeit zurück und sie fühlte sich »sehr seltsam«, so »als würde die Welt wie ein Film an mir vorüberziehen. Ich beobachte, aber ich tue nichts. Ich habe Watte im Kopf und fühle mich von allem total entfremdet. Ich habe auch kaum mehr Emotionen. Im Internet habe ich gelesen, dass das Derealisations- und Depersonalisationserscheinungen sind.«

Jessica legte mir folgende Fragen vor:
- Ist das Erleben von Derealisation oder Depersonalisation bei Burnout »normal«?
- Die Derealisation oder Depersonalisation ruft große Angst hervor. Kann das alles noch verschlimmern? Wie soll ich damit umgehen?
- Was wäre eine gute Behandlung, um diese unwirklichen Gefühle loszuwerden? Gehen Sie überhaupt wieder ganz weg?
- Mein Hausarzt hat mir Schlafmittel verordnet (Nitrazepam), weil die Gefühle von Unwirklichkeit auch mit meiner Übermüdung durch den schlechten Schlaf zu tun haben könnten. Kann das sein? Außerdem frage ich mich, ob der Wirkstoff Nitrazepam die unangenehmen Gefühle nicht sogar noch verstärken kann, da als Nebenwirkung Verflachung der Emotionen genannt wird. Soll ich in Erwägung ziehen, mit den Schlafmitteln aufzuhören?

Gefühle der Derealisation oder Depersonalisation kommen im Zusammenhang mit einem Burnout häufig vor. Sie sind ein Signal für die Überlastung und bilden einen Schutz gegen Reize von außen oder von innen, die Sie zu überwältigen drohen. Es ist ein grässliches Gefühl, denn man fühlt sich von der eigenen Umgebung entfremdet. Es ist, als würde man unter einer Käseglocke sitzen oder wäre in einem Film gelandet. Das Gefühl »Ich bin abgetrennt von meiner Umgebung, ich bin zu einem Beobachter geworden« löst große Angst aus. Diese Angst verstärkt wiederum das Bedürfnis, sich von der Umwelt zu lösen.

Wichtig ist, dass Sie wieder Ihre eigenen Bedürfnisse und Wünsche spüren können. Immer stand im Vordergrund, was Ihre Eltern brauchten. Dadurch haben Sie sich wahrscheinlich schon vor langer Zeit von Ihren eigenen Bedürfnissen und Wünschen entfremdet. Die eigenen Wünsche und Bedürfnisse wieder zu spüren oder sie zu erkunden – das kann man lernen. Im Kapitel 10 und 12 sind dazu einige Übungen aufgeführt.

Die definitive Entscheidung für einen Partner kann manchmal auch Stress bedeuten. Fast jeder von uns hat schon einmal davon gehört, dass ein Paar sich kurz vor dem Zusammenziehen oder der Hochzeit getrennt hat. Wenn die Entscheidung zu einer festen Bindung Stress mit sich bringt, ist es sinnvoll, bei sich selbst nachzuschauen: Wofür steht die emotionale Bindung, die Sie empfunden haben, kurz nachdem Sie in eine gemeinsame Wohnung eingezogen sind? Darf Ihre Beziehung vielleicht gar nicht gutgehen? Wenn Sie oft die Erfahrung gemacht haben, dass Beziehungen in Ihrer Umgebung eine schlechte Wendung nahmen, kann gerade eine positive Entwicklung bedrohlich sein. Menschen mit einer schwierigen Jugend laufen Gefahr, dann sogar das Schöne zu zerstören.

Über Schlaftabletten oder andere Medikamenten wie etwa Antidepressiva sollten Sie immer zuerst mit Ihrem Hausarzt sprechen. Meistens ist es besser, die Schlaftabletten nicht länger als zwei Wochen zu nehmen. Schlafmittel können, genauso wie Antidepressiva, abstumpfend wirken.

3. Erschöpfungszustände

Der Erschöpfungszustand ist um eine Nuance schlimmer als die Überlastung, aber etwas weniger schlimm als ein Burnout. Der Unterschied zwischen einem Burnout und einer Erschöpfung ist der, dass bei der Erschöpfung die Vorgeschichte der Belastung kürzer ist: Der Verlust des Gleichgewichts liegt nicht länger als drei Monate zurück. Auch bei einem Erschöpfungszustand verliert man, ähnlich wie bei einem Burnout, die Kontrolle. Allerdings ist man hier weniger ausgelaugt und kaputt als bei einem Burnout – ein wirklich großer Unterschied! Indem man gut für sich selbst sorgt – ausreichend Nachtruhe, gesunde Ernährung, etwas kürzer treten bei sozialen Verpflichtungen, Bewegung in der freien Natur –, kommt man darüber hinweg, man spürt, dass es aufwärts geht.

Beim Erschöpfungszustand kann man durchaus noch Dinge tun, die einem Energie schenken. Man hat es schlichtweg nicht ganz so weit kommen lassen wie bei einem Burnout. Oder aber der Arbeitgeber hat es nicht so weit kommen lassen und Sie rechtzeitig nach Hause geschickt. Ein Erschöpfungszustand sollte allerdings genauso ernst genommen werden wie ein Burnout. Beide Phänomene weisen darauf hin, dass in der Work-Life-Balance und dem Verhältnis zwischen Anspannung und Entspannung etwas angepasst werden muss. Es besteht die Gefahr, dass Sie arbeitsunfähig werden, weil Sie die Signale negieren, bagatellisieren oder stur weitermachen wie bisher (»Schwach, krank oder unpässlich? – Ich doch nicht!«), anstatt auf Ihren Körper zu hören.

4. Depression

Depressionen kommen häufig vor, in Deutschland erkranken jährlich zweieinhalb Millionen Menschen an einer Depression. Depressionen sind für 10 Prozent der neu auftretenden Fälle von Arbeitsunfähigkeit verantwortlich. Zwei Punkte sind ein wesentliches Kennzeichen einer Depression: 1. Sie fühlen sich antriebslos und haben zu nichts Lust. 2. Sie können angenehme Dinge nicht mehr genießen und fühlen sich niedergeschlagen. Meistens sind weitere Beschwerden vorhanden, wie Schlafprobleme, fehlende Konzentration, Schmerzen, ständige Müdigkeit oder unbeabsichtigte Gewichtsveränderung.

Manche depressiven Menschen leiden unter Schuldgefühlen, sie halten sich für schlechte Menschen. Die Betroffenen haben weniger Interesse an der Arbeit, an Hobbys und anderen Aktivitäten. Manchmal fehlt die Lust am Sex, man empfindet nichts mehr. Oder man denkt sich, es wäre besser, man wäre gar nicht mehr am Leben. Oft verträgt man weniger, ist schneller gereizt oder zieht sich in sich selbst zurück. Da die Stimmung niedergeschlagen ist, kommen häufig unangenehme Erinnerungen aus der Vergangenheit wieder ins Bewusstsein. Es gibt eine große Überlappung mit den Symptomen des Burnout-Syndroms: Wer erschöpft ist, hat ebenfalls zu nichts Lust, schläft schlecht, hat keine Lust auf Sex und ist wesentlich schneller gereizt als sonst. Es ist sehr schwierig, eine klare Unterscheidung zu treffen, auch für den behandelnden Arzt oder Psychologen.

Burnout oder Depression?

Arjans Hausarzt stellte ihm letzte Woche die Diagnose »Depression« und verschrieb ihm das Antidepressivum Zoloft® und ein Schlafmittel. Nach einem Tag Surfen im Internet, bei dem Arjan auch diagnostische Fragebögen ausfüllte, kam er selbst zu der Schlussfolgerung, dass er eher unter einem Burnout litt. Er überlegte, ob man Burnout objektiv überhaupt feststellen könne. Und er fragte sich, ob er das Antidepressivum weiter einnehmen sollte, falls er tatsächlich an einem Burnout-Syndrom litt.

Der wesentliche Unterschied zwischen Burnout und Depression besteht darin, dass Burnout ein Erschöpfungssyndrom ist und die Depression eine Stimmungsstörung. Ein depressiver Mensch empfindet großen Widerstand vor Aktivitäten und Unternehmungen, er könnte aber im Prinzip etwas unter-

Die Wissenschaft über Burnout

In ihrer Doktorarbeit *Sick with burnout clarified through electronic diaries* zeigt Mieke Sonnenschein, dass Patienten mit der Diagnose »klinischer Burnout« (es geht dabei um Menschen, die sehr starke Beschwerden durch das Burnout-Syndrom haben) sich anders fühlen als Personen mit der Diagnose Depression. Der »klinische Burnout« hat nach Mieke Sonnenschein die folgenden Kennzeichen: (1) tägliche, schwere Erschöpfung bei wenig Dynamik am Tag, (2) keine nächtliche Erholung und (3) Schlafprobleme, die die Erholung während der Nacht erschweren. Mieke Sonnenschein erläutert auf der Website burnin.nl: »Obwohl eine niedergeschlagene Stimmung auch ein typisches Kennzeichen von Burnout-Patienten ist, haben wir neue Hinweise gefunden, die die Annahme bestärken, dass ein ›klinischer Burnout‹ ein anderes Phänomen ist als eine Depression. Der Schweregrad der Erschöpfung kann sich in den Hormonen (Kortisol und DHEAS) widerspiegeln. In schweren Burnout-Fällen kann man von einer Hyperfunktion der HPA-Achse sprechen. Eine große Gruppe von Menschen regeneriert innerhalb von sechs Monaten vollständig von einem schweren Burnout. Bei Menschen mit Schlafproblemen ist es weniger wahrscheinlich, dass das gelingt. Die elektronische Tagebuchmethode hat uns in die Lage versetzt, zu diesen neuen und verlässlichen Ergebnissen zu gelangen.«

Zunächst geht Mieke Sonnenschein davon aus, dass durch die Beschreibung der Burnout-Symptome die Problematik möglicherweise besser erkannt werden wird. Die zweite und vielleicht die wichtigste Implikation wäre, dass eine frühe Erkennung von Schlafbeschwerden und ihre erfolgreiche Behandlung die

Genesung von einem Burnout beschleunigen kann. Ihre Empfehlungen für künftige Studien lauten:

- Die Rolle von Schlafbeschwerden besser im Auge behalten, sowohl in der Entwicklungsphase eines Burnout-Syndroms als auch bei dessen Heilung.
- Neben einem elektronischen Tagebuch auch objektive Schlafmessungen durchführen.
- Mehr Wissen über die erklärenden Mechanismen von Schlafproblemen sammeln. Eine Studie über Grübelverhalten und Entspannung vor dem Schlafen könnte hier einen Beitrag liefern.

nehmen, er besitzt die Energie, richtet sie aber gegen sich selbst, indem er sich und die Welt um sich herum ablehnt und zurückweist. Die Therapie bei einer Depression ist neben einer medikamentösen Behandlung oft auch darauf ausgerichtet, den Blick auf sich selbst, die Welt und die Zukunft zu verändern. Diese therapeutische Methode nennt sich kognitive Verhaltenstherapie und wird auch bei Burnout eingesetzt, wenn auch erst in einer späteren Phase, wenn der Betroffene wieder mehr Energie hat und sich wieder ein wenig besser konzentrieren kann.

Burnout ist noch keine allgemein anerkannte Diagnose und kann somit nicht »objektiv« festgestellt werden. Medizinisches Fachpersonal kann in einem Erstgespräch herausfinden, welchen Anteil der Stress am Arbeitsplatz hat, welche Elemente im Privatleben für Spannung sorgen und welche Rolle die Persönlichkeit spielt. Jemand mit hohem Verantwortungsgefühl in einem hektischen Beruf und mit vielen Kranken in der Familie hat zum Beispiel ein hohes Risiko. Wenn es aber keinen richtigen Stress in der Arbeit und den

Privatumständen gibt, dann ist die Chance groß, dass es sich um eine Depression handelt.

Sie können auch selbst nachforschen, ob Sie an einem Burnout oder an einer Depression leiden, indem Sie festhalten, wie Sie sich tagsüber fühlen. Wenn Sie sich den ganzen Tag über erschöpft fühlen, ein Gefühl, das man normalerweise hat, kurz bevor man zu Bett geht, liegt es nahe, dass es sich um ein Burnout-Syndrom handelt. Bei einer Depression fühlt man sich oft am Ende des Tages etwas besser.

5. Die Angststörung

Zirca die Hälfte der erwachsenen Bevölkerung hat im Laufe des Lebens schon einmal unter unbegründeten Ängsten gelitten. Hat jemand eine Angststörung, dann reagiert er auf alltägliche Ereignisse mit Angst.

Angstsymptome sind: ein Gefühl ständiger Unruhe, Anspannung, rasches Ermüden, Konzentrationsschwierigkeiten, Reizbarkeit, gestörter Schlaf, Hyperaktivität, feuchtkalte Hände, Angstschweiß, Magen-Darm-Probleme, Durchfall, Schreckhaftigkeit, Muskelverspannungen, Übelkeit, Schwitzen.

Eine Panikattacke ruft das Gefühl von Todesangst hervor, man glaubt, einen Herzinfarkt zu bekommen. Man fühlt sich schwindlig, hat Herzrasen, empfindet Übelkeit, man denkt, keine Luft mehr zu bekommen.

Angstsymptome treten häufig nach einer Periode emotionaler Anspannung auf. Sowohl die Arbeit als auch die Situation zu Hause können die emotionale Überlastung verursachen. Es kann in der Arbeit um eine neue Führungskraft gehen, oder um neue Arbeitsinhalte oder um Reorganisationsprozesse. So hat ein Marketingmanager nach einer arbeitsintensiven Produktion Flugangst entwickelt. Stress in der Privatsituation hat oft mit Krankheit oder dem Verlust eines geliebten Menschen zu tun. Ein Manager bei einem ambulanten Pflegedienst bekam beispielsweise Panikattacken, weil er wegen der Asthma-Erkrankung seiner Kinder unter Druck stand. Auch wenn er kaum geschlafen hatte, musste er Leistung erbringen.

Eine Phobie ist ein sehr spezielles Problem, das ich in diesem Zusammenhang außer Acht lassen möchte. Manchmal entwickeln Burnout-Patienten eine Agoraphobie (Angst vor weiten Plätzen oder weiten Reisen oder davor, sich im Freien zu bewegen). Dabei geht es im Grunde genommen um den Schutz vor Überreizung. Sobald die Genesung von einem Burnout eintritt, gehen die phobischen Beschwerden oft von alleine wieder weg.

Verhaltenstherapie ist bei den meisten Angstbeschwerden hilfreich. Dabei stellt man sich seiner Angst. Man durchbricht das Vermeidungsverhalten und tut das, wovor man sonst zurückschreckt. Auf kurze Sicht büßt man dabei etwas ein: die Erleichterung, die man bei der Vermeidung empfindet. Nachdem man sich den Angst erzeugenden Situationen ausgesetzt hat (die sogenannte Exposition), erhält man dafür den Kick wieder, dass man es eben doch schafft. Sie können davon ausgehen, dass eine akute Angstattacke nach etwa zwei Stunden vergeht.

Auch die kognitive Verhaltenstherapie zeigt gute Resultate. Sie analysieren Ihre Gedanken, die im Zusammenhang mit der Angst stehen. Was ist das denkbar Schlimmste, das Ihnen widerfahren kann? René, Manager einer Wohnungsbaugenossenschaft, interpretierte seine Angstsymptome als Herzinfarkt. Jedes Mal stieß er in seiner Selbstanalyse auf dieselben Panikgedanken: Hilfe, ich sterbe! Bis er einmal selbst lachen musste: Sterbe ich schon wieder?

Medikamente gegen die Angst sind ein letzter Notanker. Angsthemmende Substanzen gehören zu den am meisten verkauften Medikamenten, können allerdings Abhängigkeiten verursachen. Bekannte Mittel sind Benzodiazepine, wie Valium, Temesta, Oxozepam. Auch Antidepressiva werden häufig gegen Angstsymptome verschrieben, da sie die Botenstoffe im Gehirn beeinflussen und dadurch die Angst mindern.

Angst vor dem Burnout?

Durch Spannungen in der Arbeit und in seinem Privatleben leidet Freek unter Sodbrennen. Der Betriebsarzt meinte, es wäre verfrüht, von Stresssignalen auszugehen, sodass Freek weiter zur Arbeit ging. Er bekam Schwierigkeiten mit dem Dickdarm und suchte eine medizinische Erklärung dafür. Da die Fachärzte nichts finden konnten, entstand für Freek noch mehr Stress. Der Gedanke, er könnte an einer schweren Krankheit leiden, beherrschte ihn zunehmend. Nach einem Jahr ist er rückblickend der Meinung, dass es im Wesentlichen bergab mit ihm gegangen ist. Es ist ihm bewusst, dass er seine Stresssignale negiert hat: »Ich habe weiterhin fröhlich jede Mauer mit Schwung genommen, allerdings hat es mich zunehmend Mühe gekostet. Ich habe immer weiter nach medizinischen Erklärungen gesucht, bis ich knallhart gegen die Wand gelaufen bin, anstatt sie mit Leichtigkeit zu überwinden. Ich fühlte mich, als wäre ich von einem Lkw überfahren worden. Entwickelt man bei einem Burnout-Syndrom auch diese Angst um die eigene Gesundheit, sodass man mit seinen Gedanken ausschließlich mit der eigenen körperlichen Verfassung beschäftigt ist?«

Ein Burnout kann tatsächlich die Angst vor Krankheiten verstärken. Manche Menschen konzentrieren sich übermäßig auf körperliche Beschwerden, andere entwickeln andersartige Obsessionen. Wer weiß, vielleicht war auch Freeks Sodbrennen darauf zurückzuführen. In jedem Fall ist es sinnvoll, sich medizinisch untersuchen zu lassen. Stress kann zu Herz- und Gefäßkrankheiten führen. Wenn man sich aber permanent ausschließlich mit dem eigenen Kranksein beschäftigt, wird daraus eine sich selbst erfüllende Prophezeiung. Indem man sich ständig mit ihnen beschäftigt, entstehen auf Dauer die körperlichen Beschwerden tatsächlich. Letztlich kann man dann nicht mehr sagen, was zuerst da war. Ob der Burnout vor den körperlichen Beschwerden vorhanden war oder Folge der Beschwerden ist, macht für die Behandlung keinen großen Unterschied. Suchen Sie Ablenkung und machen Sie sich jeden Tag einmal bewusst, was in Ihrem Leben positiv ist und gut läuft. Wählen Sie für diese tägliche Betrachtung einen festen Zeitpunkt – und unternehmen Sie dann auch etwas, das Ihnen Freude bereitet: Musik hören, basteln, lesen, tanzen. Halten Sie das mindestens einen Monat lang durch.

6. Posttraumatische Belastungsstörung

Die posttraumatische Belastungsstörung (PTBS) ist eine Angststörung, die nach traumatischen Ereignissen auftreten kann. Dabei kann es sich um einen Unfall handeln, aber auch um eine bestimmte Situation bei der Arbeit. Jolanda arbeitet bei einer Bank und sah plötzlich einen Mann mit einer Biwakmütze vor sich stehen, der Geld forderte. Als sie drei Monate nach dem Überfall immer noch Alpträume hat, ihr Interesse an der Arbeit verliert und bei jedem plötzlich auftretenden Geräusch oder beim Anblick von Menschen, die dem Bankräuber ähneln, heftig erschrickt, ist deutlich, dass sie unter posttraumatischen Belastungsbeschwerden leidet. Jolanda könnte fälschlicherweise auch die Diagnose Burnout bekommen, weil sie aufgrund des mangelnden Schlafs und der Tatsache, dass sie es aus Angst vor den wiederkehrenden Alpträumen manchmal nicht wagt, einzuschlafen, sehr erschöpft ist.

Akzeptanz

Bevor man eine Veränderung herbeiführen kann, braucht es nicht nur Einsicht, sondern auch Akzeptanz der Situation, so wie sie ist. Wer immer weiter gegen die Beschwerden ankämpft, die Müdigkeit nicht akzeptiert oder der Meinung ist, er müsse immer fröhlich sein, weist sich selbst, so wie er in diesem Moment ist, zurück. Natürlich möchte der Betroffene sich anders fühlen, aber das Widersprüchliche ist, dass das erst dann gelingen kann, wenn er das Hier und Jetzt akzeptiert. Tatsache ist, dass er nur über eine begrenzte Energie verfügt, ein Gefühl von Watte im Kopf empfindet und sich regelmäßig ängstlich und trübsinnig fühlt. Das bedeutet jedoch nicht, dass dies immer so bleiben muss. Der Betroffene arbeitet an seiner Genesung, und das ist gut. Für die Genesung entsteht mehr Raum, wenn man mit entsprechend weniger Widerstand und Verärgerung, dafür aber mit mehr Gelassenheit und Ruhe an die Sache herangehen kann.

Die folgende Übung bringt Sie in eine gelassenere Stimmung. Jeder von uns kann sie machen, ganz unabhängig davon, wie erschöpft, niedergeschlagen oder ängstlich er oder sie auch sein mag. Bei allen oben aufgeführten Diagnosen bringt diese Übung Erleichterung. Bei Schlafschwierigkeiten ist die Übung eine Hilfe gegen das Grübeln und gegen das Sich-gedanklich-mit-Dingen-Herumquälen, die geschehen sind oder noch auf einen zukommen werden.

Übung: Der breite Fluss[3]
Bringen Sie Ihre Stresshormone auf mentalem Weg zur Ruhe. Sie können das tun, indem Sie den Zustand, in dem Sie momentan sind, auf aktive Art und Weise akzeptieren. Sie fühlen sich beispielsweise in der Situation sehr allein und haben das Gefühl, den Anforderungen nicht mehr gewachsen zu sein. Stellen Sie sich dann vor, dass Sie am Ufer eines breiten Flusses sitzen. Die Sonne scheint auf das Wasser, Sie betrachten die Wellen. Ein sanfter Nebel hängt wie ein heller Schleier über dem Wasser. Der Wasserdunst riecht wie eine Frühlingsregen. Der Fluss ist von jahrhundertealten Bäumen umgeben. So, wie Sie am Ufer des Flusses sitzen, kommen Sie vollkommen zur Ruhe. Nichts ist wichtig, nichts muss gemacht werden. Wie von selbst geht Ihr Atem tiefer. Sie atmen in Ihren Bauch hinein und aus dem Bauch heraus. Jetzt stöhnen Sie einmal tief, und beim Ausatmen spüren Sie, wie die Anspannung von Ihnen weicht. Ein großes Blatt fällt von einem Baum und treibt mit dem Wasser fort. Sie folgen dem Blatt mit den Augen und legen das, was Ihnen Sorgen macht, auf

---

3 Nach Hayes, S. (2006): Uit je hoofd, in je leven.

dieses Blatt. Eine Sorge nach der anderen bringen Sie auf dieses Blatt und lassen sie vom Strom forttragen. Akzeptieren Sie, dass die Sorgen da sind, aber gehen Sie nicht auf sie ein. Lassen Sie so Ihre Sorgen, eine nach der anderen, los, lassen Sie sie von sich weggleiten. Machen Sie nun dasselbe mit den Beschwerden, die Ihnen Sorge bereiten. Lassen Sie die Vergesslichkeit, den Konzentrationsverlust, die Reizbarkeit und die Unfähigkeit, zwei Dinge gleichzeitig zu tun, auf einem schönen grünen Blatt mit der Fließbewegung des Flusses wegtragen. Sie sind sich der Beschwerden bewusst, aber sie verursachen Ihnen keine Schmerzen mehr. Dadurch kehrt die Gelassenheit in Ihren Körper und Ihren Geist zurück und Sie können Ihre Aufmerksamkeit auf andere Dinge lenken.

Wie steht es um Ihre Energiebalance? Ein Selbsttest[4]

Jede Aussage, die in den letzten zwei Monaten für Sie zugetroffen hat, bekommt einen Punkt.

Körper

☐ Ich schlafe oft weniger als sieben bis acht Stunden und bin, wenn ich aufstehe, noch müde.

☐ Ich lasse oft das Frühstück aus oder nehme etwas Ungesundes zu mir.

☐ Ich bewege mich zu wenig (optimal wären: dreimal pro Woche Konditionstraining, einmal pro Woche Krafttraining).

☐ Ich mache während der Arbeit keine regelmäßigen Pausen, oft esse ich mein Mittagessen am Schreibtisch, wenn ich überhaupt etwas esse.

---

4 Fragebogen nach: Schwarz, T.: Manage your energy, not your time. Harvard Business Review, Oktober 2007.

Emotionen

☐ Ich habe bei der Arbeit oft Gefühle der Irritation, der Ungeduld oder der Angst, vor allem, wenn mir die Arbeit viel abverlangt.

☐ Ich verbringe zu wenig Zeit mit meiner Familie und mit den Menschen, die mir lieb sind, und wenn ich mit ihnen zusammen bin, bin ich in Gedanken oft ganz woanders.

☐ Ich habe zu wenig Zeit für Dinge, die mir Spaß machen.

☐ Ich vermittle anderen Menschen zu selten, dass ich sie schätze, und ich freue mich zu wenig über das, was ich selbst geleistet habe.

Geist

☐ Es fällt mir schwer, mich ausschließlich auf eine Sache zu konzentrieren, ich lasse mich leicht ablenken, vor allem von E-Mails.

☐ Ich verwende viel Zeit für Ad-hoc-Sachen, anstatt mich auf Dinge zu konzentrieren, die langfristig wichtig sind.

☐ Ich nehme mir zu wenig Zeit für Reflexion, strategisches Nachdenken oder Kreativität.

☐ Ich arbeite viel abends und an den Wochenenden und habe nur selten einen E-Mail-freien Urlaub.

Sinn

☐ Ich nehme mir in der Arbeit zu wenig Zeit für Dinge, die mir Spaß machen und die ich gut kann.

☐ Ich empfinde eine Kluft zwischen dem, was mir im Leben wichtig ist, und dem, womit ich die meiste Zeit verbringe.

☐ Ich mache meine Entscheidungen bei der Arbeit mehr von äußeren Faktoren abhängig als von meinen persönlichen Überzeugungen und Zielen.

☐ Ich trage zu wenig zum Wohlergehen anderer Menschen oder für gesellschaftliche Belange bei.

Allgemeines Energieniveau:
Zahl der zutreffenden Aussagen insgesamt: _____
Ergebnis:
  0–3   ausgezeichnetes Energiemanagement
  4–6   akzeptables Energiemanagement
  7–10   mangelhaftes Energiemanagement
  11–16 absolute Energiemanagementkrise

Woran müssen Sie arbeiten?
Körper   _____
Emotionen   _____
Geist   _____
Sinn   _____

Ergebnis je Kategorie
0   ausgezeichnet (Energiemanagement)
1   stark
2   schwach
3   schlecht
4   Krise

Teil 2
Allgemeine Verfassung

3. Die körperliche Verfassung bei Burnout

Nach dem bewährten Schema analysieren Desirée, Maarten und Rens, welche Wirkung(en) Stress auf ihren Körper hat und zu welchen körperlichen Reaktionen es kommt. Und sie stellen sich die Frage, wie sie hier eine Änderung bewirken können. Zwei Punkte sind wesentlich, um die körperliche Energie zu managen: Ein Gleichgewicht in den physiologischen Regelsystemen und eine gesunde Ernährung.

»Seit einem Monat werde ich immer sehr früh wach« – Desirée (49)

Meine Situation

Seit ein paar Monaten bin ich als Direktorin die Vorgesetzte von etwa 300 Mitarbeitern. Es steht momentan viel auf dem Spiel in der Organisation: Wenn sich die Qualität der Arbeit nicht drastisch verbessert, wird die Inspektion eine negative Beurteilung abgeben, und das wäre das Ende der Subventionen. Zum ersten Mal bin ich Vorgesetzte von so vielen Mitarbeitern; ich war bisher Koordinatorin in einer kleineren Organisation. Da ich inzwischen die Zusatzqualifikation »Master of Business Administration« absolviert habe, konnte ich diesen Sprung machen. Zwei weitere Direktoren und ich stellen das Managementteam. Es hat sich inzwischen gezeigt, dass zwischen uns keine Zusammenarbeit besteht, sondern vielmehr Rivalität. Meine Kollegen bedienen sich mehr der unterstützenden Dienste als ich. Um neues Personal anzuwerben, muss ich sogar Zeit von der Abteilung Personal & Organisation einkaufen.

Ein konkretes Beispiel

Ich habe eine Inventur der Engpässe in der Organisation gemacht und analysiert, wo Verbesserungen notwendig sind. Es wurde eine lange Liste. Um diese Veränderungen durchzuführen, brauche ich einen wesentlichen Teil der P&O-Beleg-

schaft. Ich werde in Kürze die Pläne im Managementteam präsentieren und ich befürchte, dass ich zu wenig Kraft habe, um sie entsprechend zu verteidigen. Vielleicht sollte ich meinen Hausarzt aufsuchen und ihn um Schlaftabletten bitten.

Die körperlichen Folgen
Schon seit einem Monat bin ich immer früh wach. Ich kann gut einschlafen, werde aber um half fünf vom Vogelgezwitscher wach. Dann fängt mein Arbeitstag an. Einmal bei der Arbeit angekommen, fliegt der Tag nur so vorbei und es gelingt mir nicht, Pausen einzulegen. Ich vergesse sogar zu essen. Ich bin viel unterwegs und werde bei der Arbeit von meinem Kalender gelebt. Früher bin ich mit dem Fahrrad zur Arbeit gefahren, jetzt nehme ich das Auto. Ich erkenne diese Signale wieder, das frühe Wachwerden, das schlechte Schlafen, tagsüber wenig Pausen machen und zu wenig bewegen, es sind die Stresssignale, die ich vor ein paar Jahren übergangen habe. Ich bin damals ausgebrannt, und das möchte ich jetzt verhindern.

Was möchte ich verändern?
Ich möchte mir die Zeit selbst einteilen können, sodass ich Pausen machen kann. Ich möchte auch den Tag nicht ganz verplant haben, sondern Zeit freihalten für Menschen, die mich ansprechen möchten. Der erste Schritt in meinem Veränderungsplan muss dann auch der sein, dass ich mehr Unterstützung bekomme, sodass ich manche Dinge besser delegieren kann. Delegieren ist mir auch an meinem letzten Arbeitsplatz schwergefallen. Meiner Meinung nach machen andere die Arbeiten selten so gut, wie ich selbst sie mache. Dennoch werde ich etwas ändern müssen, sonst komme ich unter die Räder.

Kann ich ein Beispiel für das gewünschte Verhalten nennen?
Leider habe ich aus eigener Erfahrung noch kein gutes Beispiel. Auch an meinem letzten Arbeitsplatz war der Arbeits-

druck zu hoch und ist es mir nicht gelungen, darauf Einfluss zu nehmen. Erst als ich nach der Genesung von einem Burnout an die Arbeit zurückkehrte, gelang es mir besser, mir meine Grenzen zu stecken. Das haben andere Menschen auch bemerkt. Jetzt ist die Frage, wie ich im neuen Job meine Grenzen deutlich machen kann. Ich bin doch für alles verantwortlich. Wenn ich nicht gut arbeite, verliert die Einrichtung ihre Subventionen und die Mitarbeitenden – einschließlich meiner Person – ihren Job.

Analyse meiner Situation
Mein Verantwortungsgefühl und mein Perfektionismus sind groß. Wenn ich hier keine Grenzen setze, werde ich auch ein zweites Mal einen Burnout erleben. Den ersten Hinweis für einen drohenden Burnout habe ich schon bemerkt: das frühe Wachwerden. Wenn ich meine Situation positiv beeinflussen möchte, dann muss ich mich für einen Wert entscheiden, der höher ist als Verantwortungsgefühl und Perfektionismus.

Ich entscheide mich für ...
Es ist richtig, dass sich mein Handeln immer orientiert an den Werten Verantwortung und Vollkommenheit. Ich fühle mich beispielsweise schuldig, wenn ich früh weggehe und andere noch beim Arbeiten sind. Oder wenn ich zwar etwas vorbereitet habe, aber zugleich weiß, dass es noch besser hätte sein können. Meine Mutter warnte mich als Kind schon: Das Beste ist der Feind des Guten. Gesundheit setze ich als Wert noch höher an als Verantwortungsgefühl und Perfektionismus. Ich werde mich jeden Tag an diesen Wert erinnern und mir ein Foto unserer Familie bei einem Wintersporturlaub auf den Schreibtisch stellen. Ich möchte das genießen können und nicht wie ein ausgewrungener Putzlappen in der Arbeit herumlaufen. Dafür muss ich etwas an meiner Situation verändern. Ich werde einen Personal Trainer engagieren und mich auf diese Weise dazu zwingen, mich wenigstens an zwei Tagen in der Woche zu bewegen.

Eine erwünschte Veränderung sollte positiv formuliert sein, Sie sollten die gewünschte Veränderung selbst bestimmen können und sie sollte Ihnen Energie geben. Desirée konnte in ihrer Situation eingreifen, weil sie ihre Fallstricke erkannt hatte. Sie erkannte die Symptome wieder, weil sie schon einmal am Burnout-Syndrom gelitten hat. Um erfolgreich ihre Muster zu verändern, setzte sie einen Personal Trainer ein. Dieser gab ihr das Gefühl, dass sie die Verantwortung für ihre eigene Gesundheit mit jemandem teilen konnte. Das Foto vom Wintersport erinnert sie außerdem täglich daran, wie wohltuend es ist, sich zu bewegen.

»Ich habe Angst, wieder einen Herzinfarkt zu bekommen« - Rens (52)

Meine Situation

Ich war Teamleiter bei einer großen Bank, die eine Fusion mit einem anderen Konzern einging. Ich hatte in dieser Situation eine Beförderung erwartet. Aber die Dinge liefen anders. Als ich zufällig in das Büro meines Vorgesetzten kam, fragte er mich, ob ich kurz Zeit hätte, und bat mich, die Tür zu schließen. Dann erklärte er mir, dass ich nicht befördert würde und nicht einmal meine derzeitige Funktion behalten würde. Nachdem ich zwanzig Jahre lang Teamleiter gewesen war, wurde mir gesagt, dass ich für eine Führungsaufgabe nicht geeignet sei – ohne weitere Erklärung. Natürlich kündigte die Bank mir nicht. Ich wurde nur zurückgestuft und behielt sogar mein Gehalt.

Ein konkretes Beispiel

In den Wochen danach versuchte ich, noch einmal ein Gespräch mit meinem Chef zu bekommen. Ich wollte ihn unbedingt um eine nähere Erklärung bitten. Wenn wir uns auf dem Flur begegneten, drehte er sich schnell um oder tat so, als würde er am Handy telefonieren. Ich empfand das als feige, und es machte mich wütend.

Die körperlichen Folgen
Ein paar Monate nach dem Gespräch mit meinem Vorgesetzten brach ich während einer Sitzung zusammen. Ich bekam in diesem Augenblick einen Herzinfarkt, den ich glücklicherweise überlebt habe. Jetzt möchte ich wieder mit dem Arbeiten anfangen, der Betriebsarzt befürwortet das auch, aber ich habe gleichzeitig eine enorme innere Scheu. Mir ist zwar nicht gekündigt worden, aber die Degradierung hat mich sehr getroffen. Das »Abtauchen« meines Chefs verstärkt mein Gefühl ohnmächtiger Wut. Der Betriebsarzt fand es für die Wiederaufnahme der Arbeit wichtig, dass ich zuerst meine unangenehme Erfahrung verarbeite, und schickte mich zur Behandlung zu einem Psychologen. Die Behandlung wird von der Bank bezahlt. Vielleicht hat mein Chef Angst bekommen, denn vor Kurzem hat ein Arbeitnehmer eine halbe Million Schadenersatz bekommen. Die Situation war ähnlich wie meine: Nach einem Herzinfarkt führte die erzwungene Wiederaufnahme der Arbeit zu einem Burnout.

Was möchte ich verändern?
Ich habe große Sorge, dass die Wut auf meinen Chef bei mir erneut einen Herzinfarkt verursachen könnte. Ich möchte diese Wut loslassen können.

Kann ich ein Beispiel für das gewünschte Verhalten nennen?
Schon öfter in meinem Leben bin ich sehr wütend gewesen. Auf meine Kinder, auf einen guten Freund. Das ging nicht einfach so wieder weg. Ich habe sehr darunter gelitten, eine solche Wut ist erstickend. Manchmal verschwand das scheußliche Gefühl, wenn der andere sich entschuldigt hatte. Aber nie, weil ich den Prozess selbst beeinflusst habe.

Herzanfall durch Kündigung

Eine Kündigung kann tatsächlich zu einem Herzanfall führen, wie William Gallo von der Yale School of Medicine in der Fachzeitschrift *Occupational and Environmental*

Medicine feststellt. Bei einer Stichprobe unter 4300 Personen zwischen 51 und 61 Jahren hat sich gezeigt, dass Menschen, die ihren Arbeitsplatz verloren haben, doppelt so häufig von einem Herzanfall beziehungsweise einem Schlaganfall betroffen waren als ihre Altersgenossen mit Arbeitsplatz.

Rens hat zwar nicht die Kündigung bekommen, er hat aber seine Position verloren. Somit hat er ein erhöhtes Risiko, einen Herzanfall zu bekommen. Dieses Risiko wird durch seine ohnmächtige Wut noch verstärkt. Wut schadet, wenn sie über einen längeren Zeitraum empfunden wird, dem Körper. Diese Emotion setzt die Effektivität des Immunsystems herab. Wenn man sich beispielsweise fünf Minuten lang auf ein Ereignis, das einen wütend macht, konzentriert, hat das Einfluss auf die Antikörper des Immunsystems, die Immunoglobuline A, abgekürzt IgA. Wenn man sich ärgert, steigt das IgA-Niveau kurzfristig an, sinkt aber nur langsam im Laufe von fünf Stunden wieder ab. Man kann sich weniger gut entspannen und ist weniger gut gegen Bakterien und Viren geschützt. Das System bleibt in einem angespannten Zustand – ein Risiko in Bezug auf Herz-Kreislauf-Erkrankungen. Jedes Mal, wenn Rens seinem Chef begegnet, bekommt er einen Adrenalinstoß. Rens formuliert sein Veränderungsziel negativ: Er möchte seine Wut loswerden. Es würde ihm weiterhelfen, wenn er sein Veränderungsziel positiv formulieren würde, sodass er selbst die Situation wieder in den Griff bekommt und die Arbeit ihm wieder Energie gibt. Das geht. Die Bank ist offensichtlich bereit, Geld dafür zur Verfügung zu stellen, dass Rens keinen Burnout bekommt. Sie tut dies möglicherweise auch, um zu verhindern, dass Rens den Arbeitgeber verklagt, aber das ist Spekulation. Rens kann dieses Geld noch sinnvoller einsetzen, indem er um ein Assessment bittet. Eine unabhängige Agentur könnte objektiv feststellen, ob Rens die nötigen Fähigkeiten für eine Führungsaufgabe besitzt. Falls die Empfehlung nach dem Assessment positiv ist, dann kann er immer noch um eine Führungsposition bitten. Mit dem positiven Ergebnis in der Tasche kann er sich natürlich auch anderweitig bewerben!

Ich entscheide mich für...
Selbstsicheres, aktives Verhalten ist eine gute Alternative zum Steckenbleiben in der Wut. Rens hätte im ersten Gespräch sofort seine Unzufriedenheit mit dem Vorschlag seines Chefs aussprechen können. Das hat er nicht getan. Bei genauer Betrachtung ist er inzwischen der Meinung, dass es besser wäre, wenn er seinem Chef immer sofort sagen würde,

Herzschmerz
In Deutschland erleiden jährlich 274 000 Menschen einen Herzinfarkt, jeder fünfte Patient mit einem akuten Herzinfarkt erkrankt auch an einer Depression. Eine Depression erhöht aber wiederum das Risiko für einen zweiten Infarkt oder Schlimmeres, erklärt der niederländische Psychologe Dr. Peter de Jonge in einem Interview. Leider greifen traditionelle Behandlungsmethoden bei dieser Form von Depression nicht. So helfen Antidepressiva bei dieser Gruppe von Patienten oft nicht. Die Ursachen der Depression sind bei ihnen vermutlich körperlicher Natur und stehen im Zusammenhang mit dem Herzinfarkt. Außerdem werden viele Menschen von ihrem Herzinfarkt überrascht, auch wenn ihnen bewusst war, dass sie ein ungesundes Leben führten. De Jong rät diesen Patienten, einmal gründlich darüber nachzudenken, ob sie im Leben die Dinge richtig angepackt haben und was sich eventuell verändern ließe. Seine Empfehlung lautet: Kommen Sie auf jeden Fall in Bewegung. Besorgen Sie sich einen Hometrainer und konsultieren Sie Ihren Arzt mit der Frage, ob es in Ihrem Fall sinnvoll ist, dass Sie Betablocker für Ihr Herz einnehmen.

was ihm nicht gefällt, und, dass er auch kommunizieren sollte, was er möchte. Er hofft nun, dass er mithilfe dieser Strategie seine Wut endlich loslassen kann. Als erstes positives Veränderungsziel formuliert er: an einem Ort arbeiten, der zu mir passt. Das zweite positive Ziel lautet: die eigene Kondition verbessern. Dafür besorgt er sich ein Rudergerät, mit dem er zu Hause trainieren kann. Es hilft ihm, sich bis zum Schweißausbruch zu verausgaben: Er bekommt ein gutes Gefühl zu sich selbst und findet seine Arbeit und seinen Chef nicht mehr ganz so wichtig.

»Ich arbeite wieder zu 100 Prozent, fühle mich aber nur zu 90 Prozent fit« – Maarten (47)

Meine Situation
Maarten arbeitet bei einer großen Firma als Tierarzt. Er hat vier Kinder und ist sportlich sehr aktiv. Weiter gibt er an: Ich bin oft umgezogen, meine Eltern leiden beide an einer Demenz und ich habe verschiedene Firmenfusionen miterlebt. Er analysiert seine Situation:

Vor drei Jahren kam es bei mir zu einem Burnout, weil ich mir immer zu viel aufgebürdet habe. Ich dachte immer, dass viel harte Arbeit niemandem schaden würde. Ich machte meine Arbeit mit Freude, bis ich kollabierte. Es fing mit Herzrasen und Panikattacken während einer Versammlung an. Schrittweise wurde es schlimmer, bis ich nicht einmal mehr zu Einzelgesprächen mit Menschen fähig war, nicht mehr mit dem Hund rausgehen konnte und mich nicht mehr in einer belebten Umgebung bewegen konnte. Ich konnte nur noch auf einem Stuhl sitzen und Klaviermusik hören. In der Zeit danach war ich viel bei Psychologen und Psychiatern und habe mich jetzt wieder zu 90 Prozent erholt. Ich hätte nie gedacht, dass ich das schaffen würde.

Ein konkretes Beispiel

Jetzt versuche ich natürlich, mich zu 100 Prozent zu erholen. Ich arbeite wieder Vollzeit, mit vielen Ruhemomenten, die ich in meinen Tagesablauf eingebaut habe, aber das letzte Stück Regeneration kommt einfach nicht. Mit meinem behandelnden Psychologen komme ich jetzt nicht mehr weiter.

Die körperlichen Folgen

Gelegentlich falle ich zurück in ein Gefühl von Unwirklichkeit und Unruhe, das vorher permanent vorhanden war. Vor Kurzem habe ich eine Broschüre über Hyperventilation und Panikattacken gelesen, bei denen die Symptome sich zum Teil überschneiden. Was ist der genaue Unterschied oder geht es ineinander über? Ist eine hundertprozentige Erholung überhaupt möglich, wenn man einmal so weit unten war?

Was möchte ich verändern?

Ich möchte ganz ohne Beschwerden wieder alles machen können. Wirklich zu 100 Prozent wieder anpacken können. Ich möchte die Gefühle von Unwirklichkeit, als befände ich mich außerhalb von mir selbst, loswerden.

Kann ich das an einem Beispiel verdeutlichen?

Ich möchte wieder so sein wie früher, wieder alles können.

Ich entscheide mich für...

Es wird Maarten bewusst, dass er immer noch nicht frei von Stressbeschwerden ist. Dadurch, dass er die 90 Prozent nicht akzeptiert, überbeansprucht er sich von Neuem. Er erwartet, wieder hundertprozentig fit zu werden, aber wie realistisch ist das, wenn er durch sein eigenes Verhalten seiner Genesung im Weg steht? Das sieht er schließlich ein:

»Ich denke tatsächlich nicht, dass jetzt, da ich wieder zu 100 Prozent arbeite, eine hundertprozentige Regeneration unrealistisch ist. Bevor der Burnout zuschlug, habe ich zu 110 Prozent gearbeitet und mir auch privat nur selten Ruhe gegönnt. Mit den Diensten und allem drum und dran arbeite ich jetzt ungefähr 48 Stunden in der Woche, die Fahrtzeiten nicht mitgerechnet. Über Mittag bin ich etwa eine Dreiviertelstunde zum Essen zu Hause; nach dem Essen lege ich mich noch kurz hin. Weiter versuche ich, am Wochenende und an den Abenden Ruhephasen einzuplanen. Die Arbeit an sich geht mir leicht von der Hand, das war früher auch schon so. Die Phasen mit Schwindel und Unwirklichkeit treten immer noch auf und verschwinden dann wieder, während der Arbeit genauso wie in meiner Freizeit. Meine Umgebung merkt wenig davon und meine Arbeit leidet nicht wirklich darunter. Aber für mich selbst ist es ein sehr unangenehmes Gefühl. Übrigens ist es im Großen und Ganzen im Verschwinden begriffen.

Ich habe jetzt beschlossen, mir einen Tag in der Woche frei zu nehmen und mehr Zeit für Entspannung zu reservieren.«

Körperliche Signale? Negieren Sie sie nicht!
Nehmen Sie Ihre körperlichen Beschwerden wahr, aber machen Sie sich auch Ihre eigene Verantwortung bewusst.

Desirée, Rens und Maarten kommen mithilfe der Analyseschritte zu der Einsicht, dass ihre körperlichen Signale mit der Art und Weise zusammenhängen, wie sie ihr Leben gestalten. Diese Einsicht fällt keinem von ihnen leicht. Es ist verführerisch, sich in die körperlichen Beschwerden zu flüchten – und die Symptome als Ursache zu betrachten. Dann geht es nämlich nicht mehr um ein Problem, das man selbst verursacht, sondern um eine »Krankheit«, die einen befällt. Dieser Gedanke kann dazu führen, dass jemand über Jahre, aber letztlich ohne Erfolg alle möglichen Therapeuten und Ärzte abklappert. Die körperlichen Anzeichen bei Desirée, Rens und Maarten unterscheiden sich in ihrer Art und in ihrem Schweregrad: Sie reichen von frühem Wachwerden und Gefühlen von Unwirklichkeit, die an eine Panikattacke denken lassen, bis hin zu einem Herzinfarkt. Häufig vorkommende Signale bei einem Burnout sind: Gefühle der Erschöpfung, Kopfschmerzen, Nacken- und Rückenbeschwerden, RSI-Syndrom (Mausarm), schmerzende Muskeln und Gelenke, Schlafprobleme, »unter Strom stehen«, Überempfindlichkeit gegen Licht und Lärm, Übelkeit, Schwindel, Hautbeschwerden, zum Beispiel Ekzeme, sich gehetzt fühlen, sich nicht entspannen können.

Körperliche Folgen von chronischem Stress

Die körperlichen Symptome zeigen an, dass der Bogen überspannt wurde. Man hat zu viel von sich selbst gefordert und sich zu wenig Zeit für Erholung gegönnt. Dadurch hat man auf dem Konto der Entspannung ein Soll aufgebaut. Dieses Soll muss zurückgezahlt werden.

Die Effekte von lang anhaltender Überbeanspruchung sind nur teilweise wieder auszugleichen. Manchmal lässt sich ein bestimmter Teil nicht wieder vollständig kompensieren. Chronischer Stress kann zu verschiedenen Beschwerden und Krankheiten führen. Dazu zählen: Schwindel, übermäßiges Schwitzen, Panikattacken, Schädigung des Immunsystems, Herz- und Gefäßkrankheiten, Magen-Darm-Beschwerden, Reizdarmsyndrom, Infektionen, Nacken- und Rückenbeschwerden und Gewichtsschwankungen. Unter Hausärzten gelten diese Symptome häufig als »unklare Beschwerden«: Sie sind zwar vorhanden, aber als Therapeut oder Arzt kann man wenig dagegen tun. Keine Pille oder Salbe bringt Genesung: Diese kann nur der Patient selbst durch Verhaltensänderung erreichen. Der Hausarzt und manch andere Leistungsanbieter auf dem Gesundheitsmarkt raten dann auch gerne: »Treten Sie kürzer, gönnen Sie sich eine Ruhephase.« Ein solch gutgemeinter Ratschlag kann sich in sein Gegenteil verkehren, wenn Patienten in ihrer Ruhezeit weiter grübeln. Oder wenn sie ihre Müdigkeit dadurch aufrechterhalten, dass sie sich sofort und mit aller Macht wieder ins Zeug legen, sobald sie sich ein wenig besser fühlen. Die entsprechende Auswirkung – noch mehr Beschwerden – wird dann als Rückfall interpretiert: »Ich bin wieder bei null.« Das kann dann dazu führen, dass für jemanden jegliche Form von Aktivität mit Angst behaftet ist – und er schließlich immer weniger tut.

Von einem völligen Stillstand ist aber abzuraten. Wechseln Sie ab zwischen Anspannung und Entspannung, und werden Sie nach einer Ruhephase schrittweise wieder aktiver. Seien Sie realistisch in Bezug auf Ihre Erwartungen. Je stärker Sie ausgebrannt sind, desto länger dauert es, bis Sie sich davon erholt haben werden.

Gaspedal durchgedrückt, Bremse kaputt

Wenn Sie zielgerichtet an der Wiederherstellung Ihres Gleichgewichts arbeiten wollen, ist es sinnvoll, Einsicht in die physiologischen Prozesse zu bekommen, die dabei eine Rolle spielen. Unser Körper reagiert immer auf Stress in der Umgebung. Das ist völlig normal. Verschiedene physiologische Regulationssysteme sind an der Körperreaktion beteiligt:

- das autonome Nervensystem (ANS),
- die Achse Sympathikus-Nebennierenmark,
- die Achse Hypothalamus-Hypophyse-Nebenniere (engl.: »Hypothalamus-Pituitary-Adrenal«-as, HPA-as)

Auf das autonome Nervensystem haben wir – anders als beim zentralen Nervensystem – kaum Einfluss. Das ANS besteht aus einem sympathischen und einem parasympathischen Teil (siehe grafische Darstellung Seite 56).

Kurzzeitreaktion auf Stress

Kurzfristig läuft die Stressreaktion folgendermaßen ab: Der Hypothalamus registriert eine bedrohliche Situation und aktiviert die Sympathikus-Nebennierenmark-Achse und das autonome Nervensystem. Die Sympathikus-Nebennierenmark-Achse schüttet Adrenalin und Noradrenalin aus. Der

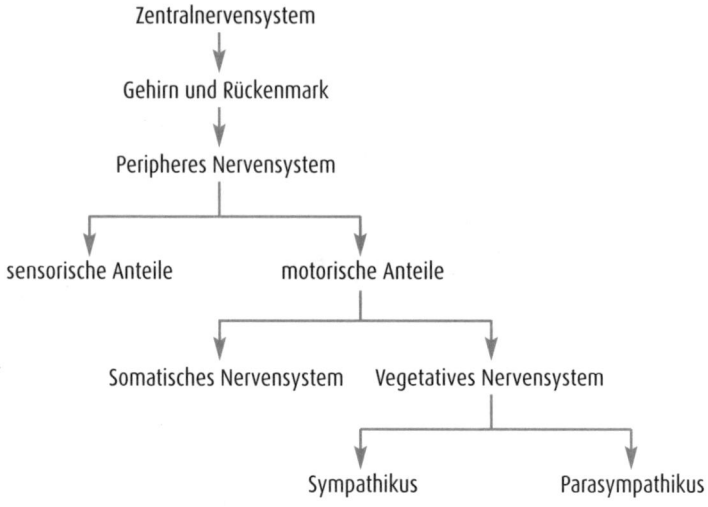

Zentralnervensystem
↓
Gehirn und Rückenmark
↓
Peripheres Nervensystem

sensorische Anteile   motorische Anteile

Somatisches Nervensystem   Vegetatives Nervensystem

Sympathikus   Parasympathikus

Nach Rothschild 2006

Sympathikus, dessen Wirkung man mit einem Gaspedal vergleichen könnte, wird aktiv, was zu einer Erhöhung der Herzfrequenz, des Blutdrucks und zur Beschleunigung der Atmung führt. Glucose, der Brennstoff des Körpers, wird
freigesetzt. Gleichzeitig werden die Aktivitäten des Parasympathikus, der Bremse, unterdrückt. Verdauung und Wachstum werden gestoppt. In wenigen Sekunden bereitet sich der
Körper auf Aktivität, auf die Kampf- oder die Fluchtreaktion,
vor (siehe auch die Darstellung der Burnout-Beschwerden
auf Seite 58).

Langzeitreaktion auf Stress
Langfristig wird die Stressreaktion hauptsächlich von der
Hypothalamus-Hypophyse-Nebenniere-Achse   beeinflusst.
Der Hypothalamus produziert das Hormon CRH (Corticotro-
pin-Releasing Hormon). Dieses Hormon regt die Hypophyse
dazu an, ACTH (Adreneocorticotropes Hormon) zu produ-

zieren, und das wiederum regt die Nebennieren dazu an, das Stresshormon Kortisol zu produzieren.

Kortisol bremst die Aktivität, die zuvor durch den Hypothalamus ausgelöst wurde, indem die Stressreaktion gestoppt wird. Daran ist auch der parasympathische Teil des Nervensystems, die Stressbremse, beteiligt. Der Parasympathikus ist für die Absenkung der Herzfrequenz, für Entspannung, Genesung, Immunreaktionen und Ruhe verantwortlich.

»Allostatic Load«: gestörte Stressbalance

Stressreaktionen befähigen uns dazu, uns anzupassen, und zwar sowohl an plötzlich auftretende Gefahrensituationen als auch an die Konfrontation mit langanhaltendem Stress. Die physiologischen Regulationssysteme arbeiten nach dem Gleichgewichts-Prinzip: Ein zu weit durchgedrücktes Gaspedal wird durch die Aktivität der HPA-Achse abgeschwächt. Das Gleichgewicht der physiologischen Regelmechanismen wird Homöostase genannt. Die Aktivität, die es braucht, um dieses Gleichgewicht zu erreichen und aufrechtzuerhalten, wird Allostase genannt.

Die Allostase hält den Körper durch permanente Anpassung der verschiedenen regulatorischen Systeme stabil. Ist die Allostase gestört, führt dies zum sogenannten *Allostatic Load*: Druck auf den Körper durch erzwungene Anpassung an extreme Umstände (Mommersteeg 2006). Den allostatischen Prozess könnten Sie mit dem Heizen eines Zimmers vergleichen. Normalerweise geht das problemlos vonstatten; schwierig wird es, wenn die Heizung aufgedreht ist, die Fenster offenstehen und die Außentemperatur unter null ist. Das wäre ein Bild für allostatische Belastung. Das Gleichgewicht der regulatorischen Systeme ist gestört. Fast jeder Mensch, der unter chronischem Stress leidet, leidet auch unter einer Funktionsstörung des Abstoppens der Stressreaktion.

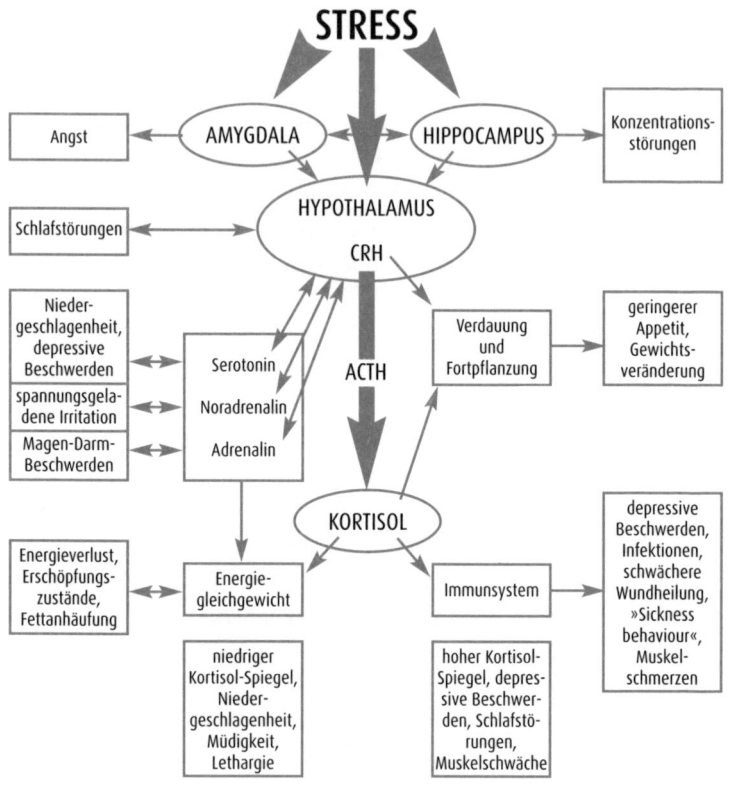

Aus: »The Psychophysiology of Burnout« (Mommersteeg 2006)

Man drückt gewissermaßen das Gaspedal zu weit durch, obwohl die Bremse nicht gut funktioniert, oder man drückt gleichzeitig auf das Gaspedal und auf die Bremse. Die Langzeiteffekte können schädlich sein und dem Körper psychophysiologischen Schaden zufügen (Langelaan 2007).

Burnout ist das Resultat einer langanhaltenden allostatischen Belastung (das Nichtfunktionieren der Stress-Stopp-Reaktion) des Körpers. Diese allostatische Belastung wird von einer langanhaltenden, erzwungenen Anpassung an die Umgebung verursacht.

Stress macht krank

Zu viel Stress schadet unserer Gesundheit. Das haben medizinische Studien immer wieder gezeigt. Wer unter Stress leidet, erkältet sich zum Beispiel schneller. Amerikanische Wissenschaftler haben den Zusammenhang zwischen psychologischem Stress und der Anfälligkeit für Erkältungskrankheiten genauer untersucht. Zunächst mussten die 394 Versuchspersonen eine ausführliche Untersuchung mittels Fragenbogen über sich ergehen lassen, um herauszufinden, wie gestresst sie zum Zeitpunkt der Untersuchung waren. Anschließend wurde den Probanden mittels Nasentropfen ein Erkältungsvirus verabreicht. Versuchspersonen, die angegeben hatten, mehr unter Stress zu leiden, wurden signifikant häufiger krank (Cohen & Tyrell 1991).

Chronischer oder starker Stress hängt allerdings auch mit lebensbedrohlichen Krankheiten zusammen. So haben Herztransplantationspatienten, die unter einer Depression oder einer posttraumatischen Stressstörung (PTSS) leiden, ein erhöhtes Risiko, nach der Transplantation zu sterben, als Patienten, die ihre Medikamente gegen die akute Abstoßungsreaktion nicht eingenommen hatten (Dew 2001). Eine andere Studie legt einen Zusammenhang zwischen der Wirkung einer Behandlung bei AIDS und Stress nahe. Chronischer Stress kann zu Diabetes, Herz- und Gefäßkrankheiten und zu vermindertem Widerstand gegen Krankheiten führen. Weitere Problembereiche, bei denen ein Zusammenhang mit Stress aufgezeigt wurde, sind:

- das Absterben von Gehirnzellen (Sapolsky 1996),
- verminderte Gedächtnisleistung und verminderte Fähigkeit zu lernen (Sapolsky 1996),
- verminderte Knochendichte und Zunahme von Osteoporose (Sapolsky 1996),
- die Zunahme von Fettablagerungen um die Taille und die Hüften (Marin 1992).

Stärken Sie Ihre Gedächtnisleistung und Konzentrationsfähigkeit

Durch die neurohormonale Störung, die chronischer Stress verursacht, kann der *Hippocampus* schrumpfen. Der Hippocampus ist ein Bestandteil des Gehirns, der eine wichtige Rolle bei der Merk- und Konzentrationsfähigkeit spielt. Bei einem verkleinerten Hippocampus verschlechtert sich die Stimmung; man kann sich Dinge weniger gut merken, und die Konzentrationsfähigkeit leidet. Der Hippocampus kann durch Stress über längere Zeit hinweg in seinem Volumen abnehmen. Er kann aber sein Volumen auch wieder vergrößern. Eine Studie unter Taxifahrern in London hat ergeben, dass der Hippocampus größer geworden war, nachdem sich die Probanden einen komplizierten Stadtplan eingeprägt hatten. Wenn Sie glauben, dass Ihr Gedächtnis und Ihre Konzentrationsfähigkeit nachgelassen haben, lernen Sie etwas, egal, was: eine Fremdsprache, ein Kartenspiel, die Namen von Blumen und Pflanzen. Es geht vor allem darum, sich selbst dazu anzuspornen, etwas zu lernen. Was Sie lernen, ist unerheblich. Entscheiden Sie sich aber für etwas, das Ihnen Spaß macht und Energie verleiht.

Entspannung bringt Genesung

Anhaltender Stress also kann krank machen. Die gute Nachricht ist, dass auch der Umkehrschluss gilt: Wer gut für sich selbst sorgt und sich ausreichend Zeit für Entspannung und Ruhe nimmt, kann sich von schweren Krankheiten erholen. Bei der Genesung von Krebs zeigte sich ebenfalls, dass Stress dabei eine Rolle zu spielen scheint (Zorzet 1998). Studien mit Herzpatienten haben ergeben, dass eine Kombination aus Diät, Körperbewegung und Meditation dazu beitragen kann, dass die Herzschlagader sich nicht verstopft.

Die Probanden aus der Kontrollgruppe, die die Kombination aus Diät, Körperbewegung und Meditation nicht mitmachten, hatten nach fünf Jahren immer noch Probleme mit verstopften Blutgefäßen (Ornish 1998).

Altes Gehirn in einer modernen Welt

Warum hat Stress derartig viel Einfluss? Unser Gehirn hat sich während der verschiedenen Stadien der Evolution entwickelt. Wie wir uns fühlen, wird stark von Gehirnarealen bestimmt, die von ihrer Entwicklungsgeschichte her Millionen Jahre alt sind. Diese ältesten Teile des Gehirns sind nicht an unser heutiges Zeitalter mit dem permanenten Stress angepasst. Das primitive Gehirn (Hirnstamm) hat sich im Laufe von 500 Millionen Jahren entwickelt; wir teilen es mit den Reptilien. Unser emotionales Gehirn (limbisches System) ist 200 Millionen Jahre alt und unser rationales Gehirn (Großhirnrinde) ist 250 000 Jahre alt (Gaillard 2003).

Das Reptiliengehirn ist der älteste Teil des Gehirns. Es befindet sich im unteren Gehirnbereich, im Hirnstamm, wie eine Ausstülpung des Rückenmarks. Es funktioniert unbewusst, instinktiv und reflexartig. Es steuert unsere Bedürfnisse nach Nahrung, Flüssigkeit, Sex und reguliert über das autonome Nervensystem den Herzschlag, den Blutzucker und die Atmung. Das emotionale Gehirn, das limbische System, liegt im mittleren Bereich des Gehirns, oberhalb des Hirnstamms. Wir teilen es mit allen Säugetieren. Das emotionale Gehirn reguliert unsere emotionalen Reaktionen in sozialen Situationen. Dieser Prozess läuft größtenteils unbewusst ab, nur das Gefühl am Ende dringt zum rationalen Niveau hindurch. Das rationale Gehirn ist bei den Menschen und den Primaten entwickelt. Es kennt Bewusstsein, Sprache, Aufmerksamkeit, Problemlösung und Planung und befindet sich im Neokortex, dem jüngsten Teil der Großhirnrinde.

Stress ist ein Meuchelmörder

Das primitive und das emotionale Gehirn steuern unseren Körper. Vom rationalen Gehirn aus haben wir darüber relativ wenig Kontrolle. Wenn man sich zum Beispiel selbst gut zuredet, dass man nicht so gestresst sein soll, wird das wenig Wirkung zeigen. Wahrscheinlich fühlt man sich durch diese Forderung an sich selbst eher noch stärker unter Druck.

Das emotionale Gehirn reagiert auf Bedrohungen. Es steuert unser rationales Gehirn, sodass wir beispielsweise anfangen zu zittern oder zu erröten. Das geschieht völlig unbewusst und jenseits unserer Kontrolle. Wenn das emotionale Gehirn Bedrohungen erkennt und daraufhin den Befehl zum Kampf oder zur Flucht erteilt, weist es zugleich die Ausschüttung von Stresshormonen an. Dies geschieht unbewusst, Sie nehmen zwar das gehetzte Gefühl wahr, können es aber oft nicht deuten. Es ist daher kein Zufall, dass Stress oft als Meuchelmörder bezeichnet wird. Sie bemerken nur die Symptome – oft erst dann, wenn es schon reichlich spät ist. Das, was wir zu spüren bekommen, sind die Folgen von Stress, und die können wir bekämpfen.

»Es wird und wird nicht besser« – Dick (54)

Bei Dick kam es in einer Phase, in der er an drei Fronten gleichzeitig stark belastet war, zum Burnout: Sein Lebenspartner wurde schwer krank, sein direkter Kollege fiel bei der Arbeit aus und in seiner Freizeit übte er einen Extremsport aus. Nachdem Dick einen völligen Zusammenbruch erlebt hatte, blieb er lange körperlich und geistig nur sehr eingeschränkt belastbar. Er fühlte sich nicht depressiv, sondern brannte geradezu darauf, so schnell wie nur möglich wieder an die Arbeit gehen zu können, alles wieder machen zu können, aber er hatte noch einige Hindernisse zu überwinden. Inzwischen arbeitet er nach eineinhalb Jahren wieder halbtags.

Dick ringt mit der zähen, manchmal stagnierenden körperliche Genesung. Überall hört und liest er, dass Spazierengehen und Laufen positiv zur Genesung beitragen, aber er ist nicht zufrieden mit den zweieinhalb Stunden Bewegung pro Woche, die er von seiner Energie her aufbringen kann. Immer wieder fällt sein Energieniveau zurück. Seine alten Laufschemas funktionieren nicht. Auch angenehme Dinge, wie ein Kneipenbesuch mit Freunden können ihn ermüden. Hinterher fühlt er sich schlapp und müde wie ein Grippepatient: »Es fühlt sich nicht so an wie die berühmten zwei Schritte nach vorn und ein Schritt zurück, sondern wie vier Schritte zurück.«

Zwei Arten von Burnout: auf den Kortisol-Spiegel kommt es an

Bei anhaltendem Stress produziert der Körper Kortisol. Kortisol ist ein Glucokortikoid und sorgt dafür, dass ausreichend Energie im Körper vorhanden ist. Kortisol reguliert den Brennstoff des Körpers, die Glucose. Außerdem unterdrückt dieses Hormon das Immunsystem und beeinflusst wiederum andere Hormone und physiologische Regelsysteme. Unter normalen Bedingungen zeigt das Kortisol einen 24-Stunden Rhythmus: eine halbe Stunde nach dem Aufstehen ist die Produktion besonders hoch. Im Laufe des Tages geht der Kortisol-Spiegel zurück. Zu Beginn der Nacht ist er am niedrigsten, steigt aber in der zweiten Hälfte der Nacht allmählich wieder an. Bei einem stressreichen Ereignis produziert der Körper in etwa genauso viel Kortisol, wie er es eine halbe Stunde nach dem Aufwachen tut. Müdigkeit geht oft einher mit einem herabgesetzten Kortisol-Spiegel, Depressionen dagegen mit einem erhöhten Kortisol-Spiegel (Mommersteeg 2006).

Es gibt zwei Typen von Burnout: Einen mit einem erhöhten Kortisol-Profil und einen mit einem herabgesetzten Kortisol-Profil (Sonnenschein 2007). Bei einem erhöhten Kortisol-Profil empfiehlt es sich, langsam, aber sicher die Aktivitäten aufzubauen. Spazierengehen ist dabei besser als Laufen. Leistungsorientierter Sport ist jetzt sowieso fehl am Platz, es wäre auch sinnlos, die momentane Leistung mit der von früher zu vergleichen. Sie würden nur in einen permanenten Kampf mit sich selbst geraten, die Kampf- oder Fluchtreaktion erhält die Überproduktion von Stresshormonen weiter aufrecht.

Bei einem herabgesetzten Kortisol-Profil führt bereits eine geringe Anstrengung zur Überbelastung. Dieser Typ von Burnout ist im Hinblick auf die Zeit, die man braucht, um sich zu regenerieren, schwerwiegender als der andere Typ. Eigentlich muss man hier erst noch lernen zu entspannen. Das können Sie tun, indem Sie Yoga, Meditation oder Entspannungstechniken üben oder indem Sie sich massieren lassen. Atemübungen sind besonders wichtig, denn die Überlastung behindert die Atmung. Wahrscheinlich haben Sie angefangen, schneller zu atmen. Lassen Sie bei den Übungen Ihren Kopf leer werden, und verlangsamen Sie Ihre gehetztes Denken. So können Sie sich neurohormonell ins Gleichgewicht bringen. Wenn das nur sehr mühsam gelingt, können Sie zur Unterstützung der Regeneration Antidepressiva einnehmen, die das neurohormonelle Gleichgewicht wieder herstellen. Konsultieren Sie dazu in jedem Fall Ihren Hausarzt, und lassen Sie sich eventuell zu einem Psychiater überweisen.

Fangen Sie mit dem »echten« Training erst dann an, wenn Sie gelernt haben, sich gut zu entspannen, und trainieren Sie dann im Einklang mit Ihrer Herzfrequenz. Nehmen Sie beispielsweise die Herzfrequenz, die bei 70 Prozent Ihrer maximalen Belastung liegt, und trainieren Sie nur kurz. Meine Erfahrung ist, dass es Burnout-Patienten, die in der Vergangenheit gute sportliche Leistungen erzielt haben, sehr schwer fällt, auf einem niedrigeren Niveau zu trainieren, als sie gewohnt waren. Sie überschreiten permanent dieses Niveau und wollen dieselbe Leistung liefern »wie früher«. Das Ergebnis ist, dass sie sich unterm Strich weniger gut regenerieren.

»Ich trinke zwei Liter Limonade am Tag« – Jan (26)

Meine Situation
Ich arbeite beim Wohnungsamt der Gemeinde und treibe in meiner Freizeit viel Sport. Dann mache ich lange Fahrradtouren. Was mich wundert, ist, dass ich immer so müde bin. Ich bin 26 Jahre alt, habe mich vor einiger Zeit von meiner Drogensucht befreit und bin jetzt psychisch gut drauf. Natürlich habe ich in der Arbeit auch viel Stress, daneben studiere ich noch und muss noch einige Prüfungen machen.

Ein konkretes Beispiel
Ich lebe allein und habe nicht immer Lust zu kochen. Lieber hole ich mir eine Portion Pommes in der Snackbar um die Ecke. Manche meiner Freunde meinen, dass ich arg viel Limonade trinke, es sind an die zwei Liter pro Tag. Aber ich werde dadurch nicht dicker.

Die Folgen
Oft bin ich sehr müde, habe wenig Lust, am Abend oder an den Wochenenden noch etwas zu unternehmen. Das ist doch nicht normal für einen 26-jährigen Mann?

Was mache ich anders?
Da ich mich ausreichend bewege und auch nicht allzu viel unter Stress leide, habe ich bei meinem Ernährungsverhalten angesetzt. Ich esse gesünder, und anstelle der Limonade trinke ich Wasser.

Funktioniert es?
Es hat sich vieles total geändert. An meinen freien Tagen schlafe ich tagsüber nicht mehr ein, sondern habe Energie, um etwas zu unternehmen. Ich muss noch hinzufügen, dass ich auch andere Dinge verändert habe. Ich mache in der Arbeit öfter mal eine Pause und gehe häufig an die frische Luft. Da ich mich körperlich jetzt viel fitter fühle, grüble ich auch weniger. Das wirkt sich sicherlich auch aus.

Die Rolle der Ernährung

Gesunde Nahrung gilt allgemein als die Basis für ein gesundes Leben. Manchmal gilt die Aufmerksamkeit allerdings nur der festen Nahrung, die man zu sich nimmt, und man achtet nicht darauf, was man trinkt. Viele Menschen glauben, es sei etwas Positives, reichlich nichtalkoholische Getränke zu konsumieren, allerdings können über Limonaden und auch Fruchtsäfte zu viele Zucker in den Körper gelangen.

Der Brennstoff des Körpers besteht aus Glucose. Diesen Brennstoff holt sich der Körper über den Kohlehydratstoffwechsel oder aus den Fettreserven (unter anderem Glykogen). Der Blutzuckerspiegel beträgt bei einem leeren Magen 1 Gramm je Liter Blut. Sobald man etwas isst, das Kohlehydrate enthält, steigt der Blutzuckerspiegel an. Die Bauchspeicheldrüse sorgt dafür, dass er wieder sinkt, indem sie Insulin produziert und an das Blut abgibt.

Manche Nahrungsmittel bestehen aus Kohlehydraten, die den Blutzuckerspiegel rapide ansteigen lassen. Alle Arten von Zucker, die beispielsweise in Limonaden oder in Gebäck enthalten sind, sorgen für einen zu hohen Blutzuckerspiegel mit anschließender starker Insulin-Ausschüttung.

Wer viel Weißbrot, Nudeln, Süßigkeiten, Schokoriegel und Gebäck isst, lässt seine Bauchspeicheldrüse eine Unmenge an Insulin produzieren. Etwa drei Stunden nach dem »schlechten« Essen kann dann ein zu niedriger Blutzuckerspiegel (Hypoglykämie) die Folge sein. Das bringt ein Gefühl der Müdigkeit mit sich. Bei intensiver sportlicher Aktivität spürt man manchmal einen abrupten Rückgang des Blutzuckerspiegels: Man wird blass, es bricht einem der Schweiß aus, man bekommt Herzrasen, fühlt sich beklommen und befürchtet, umzukippen.

Gute Ernährung, nicht nur der Figur wegen

Auch wenn Sie einigermaßen schlank sind, ist es sinnvoll, auf die Ernährung zu achten. Der Blutzuckerspiegel kann auch aufgrund eines Adrenalin-Anstiegs sinken. Leiden Sie unter körperlichen Stressbeschwerden, sollten Sie daher vor allem auf Nahrungsmittel mit hohem und niedrigem glykämischem Index achten. Die individuellen Unterschiede können bei den einzelnen Menschen in Bezug auf Nahrungsverwertung und Funktionieren der Bauchspeicheldrüse durchaus groß sein. Bei Menschen, die sich über einen längeren Zeitraum ungesund ernähren, besteht die Gefahr, dass ihre Bauchspeicheldrüse weniger gut funktioniert. In der hier folgenden Tabelle finden Sie eine Liste von Nahrungsmitteln mit ihrem glykämischen Index. Im Internet gibt es ausführlichere Tabellen und nähere Informationen über den glykämischen Index mit Ernährungstipps und Erfahrungsberichten.

Glykämischer Index (nach Loehr 2003)

Niedrig	Mittel	Hoch
Äpfel	Ananas	Alkohol (Bier, Wein)
Aprikosen, getrocknet	Aprikosen	Bagels
Auberginen	Bananen	bittere Lakritze
Birnen	Beeren	Bratkartoffeln
Bitterschokolade (mehr als 70 Prozent Kakaoanteil)	Biskuitkekse	Brot (verschiedene Arten)
Bohnen	Bohnensuppe	Cornflakes
Cashew-Nüsse	Brot (verschiedene Arten)	Datteln, getrocknet
Eier	Cracker	Donuts
Erdnussbutter	Croissants	Feldbohnen
Erdnüsse	Couscous	Frühstücks-Cerealien (viele)
frische Fruchtsäfte	Eis	Kartoffelbrei
Grapefruits	Linsensuppe	Kuchen
Grüne Gemüsesorten	Mais	Kürbisse
Hühnchen	Mangos	Melba-Toast
Hüttenkäse	Melonen	Möhren
Joghurt (natur)	Muffins	Plätzchen, Kekse
Kirschen	Müsli/Cerealien	Pommes frites
Kohl	Nudeln	Sahne
Linsen	Popcorn	Schokoriegel (verschiedene Sorten)
Mandeln	Quiches	Sportgetränke
Milch	Reis	Süßigkeiten
Mozzarella	Rosinen	Torten oder Gebäck

Niedrig	Mittel	Hoch
Orangen	Rote Bete	Waffeln
Pecan-Nüsse	Säfte	Wassermelonen
Pfirsiche	Schokolade	
Pflaumen	Süßkartoffeln	
Pistazien	Trauben	
Pute	Zucker	
Silbervliesreis	Reis	
Sojamilch	Rosinen	
Sonnenblumenkerne	Süßkartoffel	
Spalterbsen	Säfte	
Thunfisch	Zucker	
Tomaten		
Tomatensuppe		
Vollkorn-Müsli + Cerealien ohne Zucker		
Walnüsse		

4. Wie steht es um Ihre finanzielle Verfassung?

Um zu erreichen, was Sie erreichen wollen, müssen Sie nicht nur physisch und psychisch gesund leben, sondern auch im Hinblick auf Ihre Finanzen. Wie jemand mit Geld umgeht, hängt vor allem von seiner Persönlichkeit ab. Die Einsicht in diesen Zusammenhang ist eine Voraussetzung für eine finanziell gesunde Existenz. Erkennen Sie, welcher Geldtyp Sie sind und was Sie benötigen.

Die Notwendigkeit der finanziellen Unabhängigkeit

Wilma (55) arbeitet als Teilzeit-Pflegekraft in einem Hospiz und als Sozialarbeiterin in einem Krankenhaus. Dabei hat sie sich unter anderem auf psychosoziale Onkologie spezialisiert. Seit kurzem hat sie eine eigene Praxis eröffnet, in der sie einen Tag pro Woche tätig ist und geheilten Krebspatienten dabei hilft, ihr normales Leben wieder aufzunehmen.

Ihr Mann ist Immobilienmakler. Vor zwei Jahren mussten sie ihr Haus und die Firma verkaufen, nachdem sich ihr Mann auf einen unguten Geschäftspartner eingelassen hatte. Sie waren in Gütergemeinschaft verheiratet, aber Wilma hatte etwas Geld zur Seite gelegt »für schlechte Zeiten«. Als es geschäftlich schiefging, hat sie unter Zwang dieses Geld abgeben müssen. Aus diesem Grund strebt sie heute nach mehr finanzieller Unabhängigkeit.

Wilma leidet unter der unsicheren beruflichen Situation ihres Mannes und unter den besonderen Belastungen ihrer Arbeit, bei der sie häufig mit dem Tod konfrontiert ist. Sie fühlt sich häufig sehr einsam, und ihr fällt auf, dass sie immer mehr Geld für Kleidung und Krimskrams ausgibt.

Sie beschließt, zu handeln und ihr Leben selbst in die Hand zu nehmen. So möchte sie eine eigene Firma gründen, vielleicht auf dem Gebiet Coaching und Burnout-Prävention. Finanziell unabhängig von ihrem Mann kann sie allerdings nur werden, wenn sie zu einem Notar geht und nachträglich einen

Ehevertrag aufsetzen lässt. Ihr Mann ist nicht glücklich über diesen Ausdruck von Misstrauen, stimmt aber dennoch zu. Wilma nimmt sich vor, von ihrem eigenen Einkommen weniger für Kleidung auszugeben, sondern mehr Zeit und Geld in die Akquise für ihr eigenes Unternehmen zu investieren. Sie trennt sich vom eigenen Auto und baut mithilfe dieser Einsparung einen Puffer auf, der es ihr ermöglicht, ein halbes Jahr lang unbezahlten Urlaub zu nehmen. In diesem halben Jahr macht sie sich daran, einen Businessplan für ihr eigenes Unternehmen aufzustellen.

»Meinen Kindern soll es an nichts fehlen« – Caroline (38)

Caroline untersucht mithilfe des Analyseschemas ihre Wünsche.

Meine Situation

Ich arbeite als Personalmanagerin für eine Organisation im Gesundheitssektor. Ich habe zwei Töchter, 12 und 14 Jahre alt, die ich alleine aufziehe. Die beiden sehen zwar regelmäßig ihren Vater, er trägt aber nichts zum Unterhalt bei. Er war drogensüchtig und lebt jetzt von der Unterstützung durch den Staat. Vor zirka zehn Jahren habe ich bei einer international tätigen Bank im Bereich internationale Personalentwicklung gearbeitet. Ich hätte mich dort gern mehr eingebracht, aber die Bank hat meine Initiative nicht aufgegriffen. Dadurch bekam ich gesundheitliche Probleme und bin dann gegangen. Von der nächsten Arbeitsstelle wurde ich abgeworben, aber aufgrund eines Konfliktes wurde mir später wieder gekündigt. Danach hatte ich die Wahl zwischen zwei Angeboten und habe mich für die Non-Profit-Organisation entschieden. Das letzte Jahr verlief sehr gut, davor gab es aber viele Konflikte mit dem Betriebsrat. Der damalige Direktor hat mich nicht unterstützt.

Ein konkretes Beispiel
Wir haben jetzt einen neuen Direktor, der mich auch wirklich unterstützt. Die Situation der Organisation hat sich verschlechtert, wir sind fast bankrott. Ich musste für einen großen Teil des Personals Kündigungsanträge schreiben. Insgesamt habe ich so wenig Energie, dass viel Arbeit liegenbleibt. Ein Teil wird von meiner Mitarbeiterin übernommen. Wenn wir nicht aufpassen, bekommen wir beide einen Burnout.

Die Folgen
Die mangelnde Unterstützung durch den vorherigen Direktor hat mich richtiggehend depressiv gemacht. Was ich tue, ist bedeutungslos, hat keinen Wert. Das glaubte ich jedenfalls. Noch immer denke ich, dass ich vielleicht aufhören sollte, das Vertrauen kommt ja doch nicht mehr zurück. Meine Mitarbeiterin erledigt in vier Stunden mehr als ich in acht. Ich kann die in mich gesetzten Erwartungen nicht erfüllen und enttäusche auch den neuen Direktor.

Was möchte ich verändern?
Ich arbeite Vollzeit. Zusammen mit der Kindererziehung halte ich das kaum durch. Ich würde gern weniger arbeiten, aber das geht nicht, weil ich dann weniger verdiene. Ich möchte nicht, dass meine Kinder zurückstecken müssen, weil ich alleinerziehende Mutter bin.

Kann ich das an einem Beispiel verdeutlichen?
Nein, ich habe immer Vollzeit gearbeitet. Das ist zwar schwer, weil ich auch zu Hause alles mache. Ich finde, dass ich meine Kinder nicht darum bitten kann.

Warum sorge ich nicht gut für mich selbst?
Ich habe sehr hohe Ansprüche an mich selbst. Andere Frauen schaffen doch auch einen Job und zwei Kinder, warum sollte ich das also nicht hinkriegen? Ich habe keine Haushaltshilfe und muss alles selbst machen. Dieses Muster hoher Erwar-

tungen hat vielleicht mit meiner Kindheit zu tun. Ich komme aus einer Familie mit einem behinderten Kind – meine Schwester, sie ist ein Jahr jünger als ich. Mein Vater war für seine Arbeit als Vertreter immer viel von zu Hause fort. Er flüchtete vor dem Zuhause, war egoistisch und fordernd. Meine Mutter war Hausfrau und war von der Pflege meiner Schwester völlig absorbiert. Seit ich in die weiterführende Schule ging, wurde ich nicht mehr unterstützt. Mit 18 Jahren musste ich ausziehen und finanziell auf eigenen Beinen stehen. Zu Hause gab es immer Streit – ich denke, dass mich das in meiner Entwicklung zurückgeworfen hat. Wenn ich zu Hause mehr Unterstützung bekommen hätte, hätte ich Abitur machen und studieren können.

Wofür entscheide ich mich?
Mir dämmert langsam, dass meine hohen Ansprüche an mich selbst sehr viel mit meinem Vater zu tun haben. Ich bin immer auf der Suche nach Sicherheit, habe mir auch schon eine beachtliche finanzielle Reserve aufgebaut. Ich versuche, meinen Kindern zu geben, was ich selbst nicht bekommen habe. Ich könnte die Zügel, auch in finanzieller Hinsicht, ruhig einmal etwas lockerer lassen und – das könnte ein Anfang sein – nur noch vier Tage in der Woche arbeiten.

Ästhetik darf etwas kosten

Edo findet es wichtig, schöne, wertvolle Dinge um sich herum zu haben. Er liebt Autos und besitzt einen alten Mercedes, einen echten Oldtimer, den er komplett restauriert hat. Die Ersatzteile hat er sich von überallher besorgt. Das hat auch etwas kosten dürfen. Wie viel genau, weiß er nicht, seine Frau kümmert sich um die Finanzen. Geld ist für ihn im Grunde genommen unwichtig. Er schätzt vor allem seine künstlerischen, kreativen Qualitäten. Am liebsten wäre er denn auch freier Künstler, aber Edo verdient sein Geld mit Dekorbau und Übersetzungstätigkeiten. Die zwei Kinder gehen aufs Gymnasium. Das ist in seiner Familie Tradition.

72

Soeben hat Edo eine Wohnung gekauft, die stark renovierungsbedürftige untere Etage eines denkmalgeschützten Gebäudes. Jetzt hat er sich daran gemacht, mit seinen eigenen Händen die Bruchbude wieder in ein Glanzstück zu verwandeln. Er hat die Gipsdecke entfernt, unter der die jahrhundertealten Balken zum Vorschein kamen. Mit einem Abrisshammer hat er inzwischen die Wände herausgeklopft, sodass ein weiter Raum entstanden ist. Das Problem ist, dass er nun große Schulden hat. Als Freiberufler muss er hart arbeiten – das kostet viel Zeit, die er dann nicht in die Wohnung stecken kann. Er hat die Arbeit unterschätzt, es kann sich sicher noch ein Jahr hinziehen, bis die Renovierung abgeschlossen ist. Hinzu kommt, dass die Eigentümergemeinschaft sich inzwischen in den Umbau einmischt. Edo hätte Genehmigungen beantragen müssen, da es sich um ein denkmalgeschütztes Haus handelt. Edo hält das für Unsinn: Schließlich stellt er doch den ursprünglichen Zustand der Wohnung wieder her. Vergeudete Zeit, dieses Beantragen von Genehmigungen.

Edo fühlt sich unter Druck gesetzt, auch von seiner Frau, die möchte, dass er die Genehmigung beantragt. Warum sollte er? »Be creative« ist sein Motto. Die Eigentümergemeinschaft sollte ihm einfach vertrauen.

Edo schätzt sich in puncto Geldtyp als »übersteigerter Vogel Strauß« ein: Er möchte immer nur das Beste vom Besten haben, den Preis will er aber nicht wissen. Seiner Frau zufolge kostet der Oldtimer zirca 800 Euro im Monat. Edo räumt ein, dass er diesen Betrag sehr leicht einsparen könnte, wenn er das Auto aufgeben würde.

Welcher Geldtyp sind Sie? Ein Selbsttest

Aus Studien geht hervor, dass Menschen, die ihre Geldausgaben gut im Griff haben, glücklicher und selbstsicherer sind. Es geht nicht darum, viel Geld zu haben, wichtig ist vielmehr das Gefühl der Kontrolle über die Finanzen. Mehr als uns bewusst ist, bestimmt unser Charakter, wie wir mit Geld umgehen. Wenn Sie erkannt haben, welcher Geldtyp Sie sind, steigt die Aussicht auf finanziellen Erfolg und die Erfüllung Ihrer Lebensträume. In dem nun folgenden Test können Sie Näheres über Ihren Geldtyp in Erfahrung bringen. Erstellen Sie mindestens zweimal im Jahr eine Übersicht über Ihre Einkünfte und Ausgaben. Sie werden dann immer ein realistisches Bild Ihrer finanziellen Situation haben.

Um eine eigene Firma gründen zu können, muss Wilma ihr eigenes Ausgabeverhalten unter die Lupe nehmen. Sie hat verstanden, dass sie dem Geldtyp »die Großzügige« entsprach. Caroline war bisher mehr der Typ »Sparer« – und für ihre Töchter auch ein wenig die »Anspruchsvolle«. Letztlich konnte sie ohne Schwierigkeiten ihre Arbeitszeit auf vier Tage die Woche reduzieren. Edo war sich seines Vermeidungsverhaltens natürlich bewusst. Da er jetzt wirklich in finanziellen Schwierigkeiten steckt, muss er sich mit den Konsequenzen dieses Verhaltens auseinandersetzen. Er wird etwas an seinem Verhalten ändern müssen und hat auch vor, das zu tun. Be creative!

Die sechs Geldtypen

Der Planer weiß über finanzielle Dinge genau Bescheid, man kann ihm nichts vormachen. Er ist ständig damit beschäftigt, seine Geldgeschäfte so gut wie möglich zu regeln, und geht durchaus auch einmal ein Risiko ein. Sein Vorteil ist, dass er die Zügel fest in der Hand hält, es besteht allerdings die Gefahr, dass er sich exzessiv mit dem Thema Geld beschäftigt.

Der Vogel Strauß ist der entgegengesetzte Typ: »Geld interessiert mich nicht. Es ist ein langweiliges und völlig unwichtiges Thema.« Er kann ohne schlechtes Gewissen Geld ausgeben. Der Nachteil ist, dass er manchmal auch seine Rechnungen links liegen lässt und dann zusätzlich für Mahnverfahren bezahlen muss oder sogar Besuch vom Gerichtsvollzieher bekommt.

Der Großzügige lässt sich vor allem von der Vorstellung leiten, dass man nur einmal lebt. Und so gibt er unkontrolliert Geld aus, was er allerdings auch wirklich genießen kann. Er ist freigebig und lädt im Café andere gerne ein. Er liebt teure Anzüge, die neuesten Handy-Modelle und Sportwagen. Der Großzügige hat den Vorteil, dass viele Menschen ihn lieben. Wer aber hilft ihm, wenn er einmal seinen finanziellen Verpflichtungen nicht nachkommen kann?

Der Sparer ist der sparsame Typ, für den Geld Sicherheit bedeutet. Diesen Geldtyp findet man häufig bei Frauen, die in den 1950er-Jahren oder früher geboren wurden. Sie leben sparsam, führen ein Haushaltbuch und setzen finanzielle Prioritäten. Eine Frau dieses Geldtyps weiß genau, wie viel auf dem Konto ist und welche Einnahmen noch ausstehen, und sie kann für das nächste Jahr eine Schätzung über die Einkünfte und die Ausgaben abgeben. Der Sparerin ist es nicht so wichtig, wie viel Geld hereinkommt, sondern, wie viel übrig bleibt. Sie hat den Vorteil der Beherrschung und der Kontrolle, die Frage ist nur, ob sie es auch genießt, Geld zu haben, und, was sie mit dem Geld erreichen möchte.

Der Anspruchsvolle kommt häufig vor. Er will auf allen Gebieten nur das Beste vom Besten. Da er bei allem immer besser sein will als andere, ist er letztlich auch erfolgreich. Die Anspruchsvolle steht bei Bewerbungen gern auf Platz eins, trägt auf der Party das tollste Outfit und zieht so alle Aufmerksamkeit auf sich. Ein Nachteil ist, dass das ständige Streben, andere zu übertreffen, viel Energie kostet. Den Erfolg genießen ist nicht drin, denn die nächste Herausforderung wartet schon.

Der Genügsame hat mit Geld nichts am Hut und glaubt, dass Geld die Menschen ins Verderben stürzt. Für ihn ist Geld schlicht kein Gesprächsthema. Er entscheidet sich für die Kombination aus beruflich fester Anstellung und persönlicher Ideale, er muss ja nicht viel verdienen. Der Nachteil ist, dass er, wenn ihm Geld zuteil wird, damit nichts anzufangen weiß und sich schuldig fühlt. Möglichkeiten, Geld in einem guten Sinn auszugeben, kennt er nicht.

Welcher Geldtyp sind Sie?

Machen Sie den Test und entdecken Sie, welcher Geldtyp Sie sind. Ordnen Sie jeder Aussage die für Sie richtige Zahl zu:

0 = gar nicht einverstanden
1 = mehr oder weniger gar nicht einverstanden
2 = eher nicht einverstanden als einverstanden
3 = weder einverstanden noch nicht einverstanden
4 = eher einverstanden als nicht einverstanden
5 = mehr oder weniger völlig einverstanden
6 = völlig einverstanden

Der Fragebogen basiert zum Teil auf dem Buch »Geld & Gezin« von Erica Verdegaal (Verlag Bert Bakker) und wurde bereits in der Zeitschrift »Midi« veröffentlicht.

1. Geld bedeutet in meinen Augen Macht, Anerkennung und Status. ＿＿
2. Finanziell am Boden zu sein stelle ich mir entsetzlich vor. ＿＿
3. Meine finanzielle Situation ist mittelprächtig, aber die Ursachen dafür liegen außerhalb meiner Macht. ＿＿
4. Gelddinge erledigen finde ich nicht das Aufregendste, was es gibt, aber ich kümmere mich darum. ＿＿
5. Ich weiß nicht genau, wie viel ich verdiene, es interessiert mich einfach zu wenig. ＿＿
6. Das Zweitbeste ist mir nie gut genug. ＿＿
7. Die Welt geht noch zugrunde an Geld und Gewinnstreben. ＿＿
8. Wenn ich depressiv, einsam oder wütend bin, dann kaufe ich mir etwas Hübsches. ＿＿

9. Ich investiere lieber in Aktien, als dass ich mein Geld auf ein Sparkonto legen würde. ____
10. Wenn ich einkaufen gehe, fällt es mir schwer, Kleidungsstücke zu finden, die ich wirklich schön finde, auch dann, wenn die aktuelle Mode ansprechend ist. ____
11. Manchmal verliere ich Rechnungen, manchmal verstecke ich welche oder tue so, als seien sie nicht da. ____
12. Sparen für später halte ich für Unsinn, irgendwie zwanghaft. Die Rente wird es bestimmt auch dann noch geben. ____
13. Geld macht die Menschen manchmal unzuverlässig. ____
14. Mein Partner findet mich zu sparsam. ____
15. Ich denke praktisch täglich an meine Geldgeschäfte und arbeite jeden Tag daran – auch an Wochenenden und im Urlaub. ____
16. Ich finde, Sparsamkeit ist eine gute Eigenschaft. ____
17. Geld ist unwichtig. ____
18. Egal, wie zufrieden ich mit meinem Einkommen bin, es könnte immer noch besser sein. ____

Kommen Sie bei den Fragen 1, 9 und 15 auf eine Gesamtpunktzahl von 13 oder mehr? Dann sind Sie ein **Planer**. Sie fühlen sich gut, solange Sie mit Gelddingen zu tun haben, aber leer und planlos, wenn Sie einmal nichts tun und kein Geld verdienen.

Anregung: Machen Sie mindestens einmal pro Woche etwas, das mit dem Geldverdienen absolut nichts zu tun hat.

Kommen Sie bei den Fragen 4, 5 und 11 auf eine Gesamtpunktzahl von 13 oder mehr? Sie sind in Gelddingen ein richtiger **Vogel Strauß**. Sie lassen sich allerdings damit auch Einkünfte entgehen, wie etwa Rückzahlungen vom Finanzamt, Wohngeld oder andere Beträge, auf die Sie Anspruch erheben könnten. Außerdem kann es Ihnen leicht passieren, dass Sie Mahngebühren zahlen müssen oder es mit einem Inkassobüro oder dem Gerichtsvollzieher zu tun bekommen.

Anregung: Schieben Sie Geldangelegenheiten nicht vor sich her. Gewöhnen Sie sich an, Rechnungen sofort zu bezahlen, und geben Sie Ihre Steuererklärung termingerecht ab. Planen Sie eine Stunde in der Woche für Ihre Finanzen ein und laden Sie sich anschließend selbst zu etwas Schönem ein.

Kommen Sie bei den Fragen 3, 8 und 12 auf eine Gesamtpunktzahl von 13 oder mehr? Manche Menschen werden Sie wegen Ihrer **Großzügigkeit** sehr schätzen. Sie gehen gerne mit Ihnen aus. Sie genießen es, Geld auszugeben, das gibt Ihnen ein angenehmes Gefühl und vertreibt mögliche »Zwischentiefs« in Ihrer Stimmung. Ihr Risiko ist, dass Sie zu viel Geld ausgeben und sich verschulden.

Anregung: Lassen Sie 5–10 Prozent Ihres Einkommens per Dauerauftrag automatisch auf ein Sparkonto überweisen. Damit können Sie sich einen Puffer für den Fall von finanziellen Rückschlägen oder unvorhergesehenen Geschehnissen aufbauen, wie Krankheit oder Kündigung.

Kommen Sie bei den Fragen 2, 14 und 16 auf eine Gesamtpunktzahl von 13 oder mehr? Sie lieben es, ein Haushaltsbuch zu führen, sich finanzielle Ziele zu setzen und Geld zu sparen. Andere Menschen halten Sie für einen **Sparer**. Wenn Sie beim Kneipenbummel oder beim Shoppen zu viel Geld ausgeben, sind Sie nicht mehr zu genießen.

Anregung: Reservieren Sie jeden Monat einen bestimmten Geldbetrag für eine Einkaufstour. Gehen Sie dann in die Stadt und geben Sie dieses Geld aus, für sich, Ihren Partner, Ihre Kinder.

Kommen Sie bei den Fragen 6, 10 und 18 auf eine Gesamtpunktzahl von 13 oder mehr? Sie sind der **Anspruchsvolle**. Sie sind erst dann zufrieden, wenn Sie das Beste vom Besten angeschafft haben. Die Freude über den Ankauf währt aber nicht lange. Schon bald gehen Sie auf die Suche nach etwas noch Besserem.

Anregung: Klappern Sie nicht alle Läden ab, bevor Sie etwas kaufen. Beschränken Sie sich, bei eher unwichtigen Dingen auf einen bis zwei Läden und zwingen Sie sich, innerhalb einer Viertelstunde etwas zu kaufen. Werfen Sie den Kassenzettel weg, sonst könnten Sie auf die Idee zum Umtauschen kommen. Nach dem Umtausch klappern Sie dann trotzdem noch alle Läden ab.

Kommen Sie bei den Fragen 7, 13 und 17 auf eine Gesamtpunktzahl von 13 oder mehr? Sie wollen mit der herrschenden finanziellen Ordnung nichts zu tun haben, Sie misstrauen den Machthabern. Sie sind in finanzieller Hinsicht der **Genügsame**, der für seine Ideale lebt. Sie müssen nicht mehr verdienen, als Sie für Ihren Lebensunterhalt brauchen. Falls Sie plötzlich doch über Geld verfügen, fühlen Sie sich schuldig und wissen nicht, was Sie mit dem Geld tun sollen.

Anregung: Schauen Sie doch auch einmal auf die Ausnahmen: Menschen, die finanziell erfolgreich sind und mit dem Geld Gutes tun.

Die Kunst, ein Haushaltsbuch zu führen

Erstellen Sie mithilfe der folgenden Positionen eine Übersicht über Ihre Ausgaben. Gehen Sie zuerst von den Jahresbeträgen aus und rechnen Sie diese dann um in Ausgaben pro Monat. Wie steht es derzeit um Ihre Einnahmen? Wie lange würden Sie brauchen, um eine Weile lang unbezahlten Urlaub nehmen zu können? Denken Sie auch an kreative Lösungen. Vielleicht können Sie Ihre Wohnung für eine bestimmte Zeit vermieten und in einem Sommerhaus Ihre Pläne weiter ausarbeiten? Der Verzicht auf das Auto ist eine Sparmaßnahme, die sofort beachtlichen finanziellen Raum schaffen kann. Und ist es wirklich notwendig, jeden Monat neue Kleidung anzuschaffen? Machen Sie sich keine Illusionen: Nahezu niemand hat Spaß daran, diese Übersicht anzufertigen. Sogar die Planer und Sparer tun es mehr aus Zwanghaftigkeit oder aus Pflichtgefühl als aus Freude an der Sache. Belohnen Sie sich deshalb, wenn Sie die Übersicht fertig haben, mit etwas Schönem.

FESTE KOSTEN

1. Miete/Hypothek
2. Gas und/oder Heizöl und andere Kraftstoffe
3. Elektrizität
4. Wasser
5. Abgaben/Steuern
6. Telefon
7. Versicherungen
8. Schul-, Studiengebühren
9. Mitgliedsbeiträge/Abonnements
10. Transport/Mobilität
11. Rückzahlungen

ANSPARKOSTEN

1. Kleidung und Schuhwerk
2. Inventar
3. Unterhalt Wohnung/Haus und Garten
4. zusätzliche Kosten durch Krankheit
5. Freizeitausgaben
6. Theater/Konzert/Ausgehen
7. Urlaub und Wochenenden
8. Extrasparen

LAUFENDE HAUSHALTSKOSTEN

1. Lebensmittel
2. sonstige Ausgaben für den Haushalt
3. Feinkost/Delikatessen
4. Tabak
5. persönliche Pflegeprodukte
6. Dienstleistungen im Haushalt
7. Verschiedenes
8. Taschengeld

Wie lange kann ich leben, ohne zu arbeiten?

Zeit ist Geld. Meistens vermieten wir unsere Zeit in Form eines festen Arbeitsplatzes, an dem wir unseren Lebensunterhalt verdienen. Manchmal braucht man mehr Zeit, als die übliche Freizeit bietet. Man möchte vielleicht Pläne ausarbeiten, etwa zur Gründung einer eigenen Firma. Vielleicht möchte man auch ein Filmskript schreiben oder plant eine große Reise. In solchen Situation bietet sich an, unbezahlten Urlaub zu nehmen. Aber wovon soll man in der Zeit dann leben?

Das folgende Drei-Schritte-Programm nach Paul McKenna (2005) hilft bei der Berechnung der Möglichkeiten.

Schritt 1: Ermitteln Sie Ihren Tageswert
Zählen Sie Ihre festen Kosten, die Ansparkosten und die Haushaltskosten zusammen und teilen Sie das Ergebnis durch 30.

Schritt 2: Ermitteln Sie Ihren Nettowert
Ziehen Sie von Ihrem Vermögen die Schulden ab. Das ist Ihr Nettowert.

Schritt 3: Auszeit
Teilen Sie Ihren Nettowert durch Ihren Tageswert. Das Ergebnis gibt die Zahl der Tage an, die Sie leben können, ohne Geld zu verdienen.

Beispiel:
Angenommen Ihr Tageswert ist 60 Euro (feste Kosten etc., geteilt durch 30). Darin ist alles enthalten, also die festen Kosten, Abonnements, Ansparung für die Waschmaschine, wirklich alles. Ihr Nettowert (Ihr Besitz minus die Hypothekschuld) ist 60 000 Euro. Dann können Sie also 1000 Tage leben, ohne Geld zu verdienen. Fast drei Jahre für eine Auszeit; Zeit, um eine eigene Firma zu starten oder um ein Buch zu schreiben! Falls Sie sich so etwas ernsthaft überlegen, sollten

Sie sich an einen Steuerberater wenden, um eine genauere Berechnung machen zu lassen. Sie haben vielleicht die eine oder andere Steuer oder Abgabe nicht berücksichtigt.

Teil 3
Denken und Fühlen

5. Herz und Kopf arbeiten zusammen

Die meisten Menschen werden von Natur aus nicht depressiv, auch dann nicht, wenn sie mit besonders schlimmen Ereignissen konfrontiert werden. Ein Ereignis als solches verursacht nicht ein negatives Gefühl, sondern die Art und Weise, wie wir es emotional interpretieren und verarbeiten. Wir können den Stress des Alltags mindern, indem wir ihn anders verarbeiten, indem wir zum Beispiel anders darüber denken oder darauf achten, auch die positiven Seiten unseres Alltags im Auge zu behalten. Man kann sich selbst auch angewöhnen, das negative Gefühl in dem Moment, in dem es auftritt, zu verändern – und nicht erst hinterher, wie es oft geschieht. Dabei spielt auch die individuelle Veranlagung eine Rolle. Bei manchen Persönlichkeitstypen ist das Risiko auszubrennen einfach höher als bei anderen.

»Ich leide in meiner Arbeit unter Schuldgefühlen« – Ron (29)

Meine Situation
Ich arbeite als Krankenpfleger in der Kinderabteilung eines mittelgroßen Krankenhauses. Das mache ich schon seit einigen Jahren; wir sind ein nettes Team, und mit dem Leiter der Abteilung verstehe ich mich gut. Was mich immer stärker mitnimmt, ist, wenn ein Kind stirbt, das genauso alt ist wie eines meiner Kinder. Es kommt vor, dass ich dann mit dem Gedanken, einer meiner Kollegen oder ich hätte einen Fehler gemacht, nächtelang wachliege.

Ein konkretes Beispiel
Wir hatten einen kleinen Patienten, der trotz aller Sorgfalt an den Folgen einer Lungenentzündung gestorben ist. Die Familie des Kindes hat mich mit Vorwürfen überschüttet: die Diagnose sei zu spät gestellt worden, die Behandlung sei nicht adäquat gewesen, die Kommunikation mit der Familie sei

dürftig gewesen, und zu allem Unheil habe ich am Sterbetag die Familie zu spät informiert. Kurz und gut: Wenn ich oder das Krankenhaus uns mehr bemüht hätten, würde ihr Sohn noch leben.

Die Folgen
Natürlich weiß ich, dass ich es nicht hätte ändern können. Dennoch lässt mich das Schuldgefühl nicht los. Es verfolgt mich ständig. Ich kann deshalb nicht schlafen, und die Folge ist, dass ich mehr Fehler mache. Ich bin meiner Frau und den Kindern gegenüber schneller gereizt und bin auch den kleinen Patienten gegenüber manchmal kurz angebunden.

Was möchte ich verändern?
Soll ich erklären, dass ich getan habe, was ich tun konnte? Mich entschuldigen? Oder mit dieser Art von Arbeit aufhören, weil ich auf diese negativen Auswirkungen keine Lust mehr habe?

Kann ich das an einem Beispiel verdeutlichen?
Es ist in solchen Situationen schwierig zu beurteilen, wie ich eigentlich funktioniere. Was mir aber hilft, ist, mich von meinem eigenen Grübeln zu distanzieren. Wenn es mir ansonsten gut geht, gelingt mir das auch.

Warum sorge ich nicht gut für mich selbst?
Der Punkt ist, dass es mir schwerfällt, nein zu anderen zu sagen, weil ich oft Mitleid mit anderen Menschen habe. Verglichen mit ihnen geht es mir sehr gut. Das Komische ist, dass ich mich wegen dieses Unterschieds auch ein bisschen schuldig fühle. Wenn ich mich dann so verausgabe, bedeutet das auch, dass ich mit den anderen mitleide. Mache ich mir allerdings bewusst, wie wenig effektiv ich durch die lähmende Wirkung der Schuldgefühle bin, dann wird mir auch klar, dass ich nicht auf einem guten Weg bin. Wie würde ich selbst als Angehöriger in einer solchen Situation gern behan-

delt werden? Mit Achtung, aber diese Achtung bekommt man nicht von einer Pflegekraft, die sich selbst nicht genug achtet.

Wofür entscheide ich mich?
Mich gut um mich selbst zu kümmern ist eine Voraussetzung dafür, gut für andere Menschen sorgen zu können. Das rate ich anderen auch, warum sollte ich mich also selbst nicht daran halten? Ich werde mit einem Kollegen oder dem Leiter der Abteilung über meine Sorgen sprechen. Mehr als in anderen Berufen muss man in Pflegeberufen akzeptieren, dass man ein fehlbarer Mensch ist. Ich muss also den Gedanken, dass ich keine Fehler machen darf, verbannen. Fehler machen ist menschlich. Dann kann ich meine Aufmerksamkeit dorthin lenken, wo ich etwas bewirken kann und wo es mir wichtig erscheint.

Niemand kann Wunder bewirken
Schuldgefühle können auch eine Funktion haben, wenn sie zum Beispiel dafür sorgen, dass man beim nächsten Mal die Arbeit besser macht. Bei Ron sind die Schuldgefühle kontraproduktiv. Sie nähren nur die Illusion, dass er etwas hätte bewirken können, obwohl er oft gar keinen oder nur einen sehr geringen Einfluss auf einen Krankheitsverlauf hat. Seine Schuldgefühle helfen niemandem weiter: der Organisation nicht, dem Patienten nicht und ihm selbst nicht. Es ist Ron schwergefallen, diese Sichtweise für sich gelten zu lassen. Letztlich fand er es aber besser, als sich endlos mit dem Gedanken zu quälen, dass alles anders gelaufen wäre, wenn er anders gehandelt hätte.

»Ich habe alles – aber dennoch fehlt etwas« – Etienne (36)

Meine Situation
Ich habe das Gefühl, in der Arbeit auf der Stelle zu treten. Ich bin ausgebildeter Arbeits- und Organisationspsychologe. Nach meinem Diplom war ich Praktikant bei Shell, und da-

nach fing ich sofort als Manager eines Callcenters in einer großen Bank an. Mit meiner Karriere ging es blitzschnell voran, derzeit leite ich eine Abteilung mit 600 Menschen. Ich wohne auf einem renovierten Bauernhof mit drei Hektar Grund. Meine Frau hat auch eine gute Stelle, und kürzlich haben wir ein Kind bekommen. Ich habe bezahlte Elternzeit genommen und wollte für das Kind sorgen und gleichzeitig über den nächsten Schritt in meiner Laufbahn nachdenken. Dazu ist es nicht gekommen: Ich hatte ja keine Ahnung, dass Babys so viel Kraft kosten.

Ein konkretes Beispiel
Mein Plan war, nach der Elternzeit an einer anderen Stelle innerhalb der Organisation anzufangen. Ich war davon ausgegangen, dass es mehr als genug Stellen geben würde. Das wurde eine Enttäuschung. Durch den Rückgang der Konjunktur und durch Reorganisationen wurden auf meinem Niveau viel weniger Stellen angeboten. Also musste ich zurück ins Callcenter. Seit Beginn des letzten Monats arbeite ich endlich in einer anderen Funktion, jetzt als Leiter von IT-Projekten. Ich bin noch kaum eingearbeitet und fühle mich nicht hundertprozentig wohl in dem Job. Ich muss mir die Begrifflichkeiten der Branche noch besser aneignen.

Die Folgen
In der ersten Arbeitswoche nach meinem Urlaub bin ich restlos abgestürzt. Ich fühlte mich völlig erschöpft, labil, und mir war übel. Es ist mir bewusst, dass ich schon seit Längerem meine Grenzen überschritten habe und jetzt »bis auf die Knochen« müde bin. Ich habe Bauchschmerzen, leide unter Verdauungsstörungen und schwitze sehr stark. Ich bin sofort beim Betriebsarzt und beim Hausarzt vorstellig geworden. Beide haben einen Burnout festgestellt.

Was möchte ich verändern?

Der Raubbau an mir selbst fing wahrscheinlich vor drei, vier Jahren an, als ich immer lange Arbeitstage hatte. Der Burnout hat sich schleichend vollzogen und mein Selbstvertrauen untergraben. Ich bin hoch aufgestiegen und bekam die immer höher werdenden Erwartungen von Seiten der Führungskräfte und der Untergebenen zu spüren. Die Freude an der Arbeit, die vorher eine wichtige Energiequelle für mich war, verlor sich mit dem nagenden Zweifel an mir selbst und dem Gefühl, die Arbeit nicht mehr richtig im Griff zu haben. Das möchte ich ändern. Ich möchte wieder mit Herz und Seele bei der Sache sein.

Warum bin ich nicht glücklich?

Meine Frau sagt, es komme ihr so vor, als sei ich mit dem Fahrrad auf einem sandigen Waldboden unterwegs und mein Blick würde den Stein, der vor mir liegt, fokussieren. Ich möchte dem Stein ausweichen, aber weil mein Blick auf ihn geheftet ist, kann ich das nicht. So ist das auch mit meinen Problemen. Ich versuche dauernd, sie zu negieren, und gerade deshalb bin ich ganz von ihnen eingenommen. Ich möchte sie gerne loswerden; da ich sie aber nicht akzeptiere, bleibe ich ständig in einen Kampf mit ihnen verstrickt. Das macht mich auch wütend auf mich selbst. Ich möchte mich gut fühlen und voller Freude mit meiner Frau und meinem kleinen Sohn umgehen. Es geht mir doch auch gut. Es ist doch alles bestens! Woher dann die Frustration und die Leere?

Wofür entscheide ich mich?

Allein schon, wenn ich akzeptiere, dass es an meinem Arbeitsplatz eben nicht immer schön ist, fühle ich schon enorm viel Freiraum. In der nächsten Zeit werde ich meine Aufmerksamkeit auf die Dinge richten, die in der Arbeit gut laufen: Was finde ich wichtig und was macht mir Freude?

Freude bei der Arbeit = Die Summe der Striche in Ihrer Liste

Etienne machte sich an die Arbeit; als Hilfsmittel verwendete er die unten aufgeführte Checkliste. In dieser Liste kann man für den Zeitraum einer Woche alles festhalten, was einem in der Arbeit Befriedigung gibt. Schauen Sie in Gedanken zurück auf den vergangenen Tag und finden Sie heraus, was Ihnen an diesem Tag wichtig war. Was hat Sie berührt? Was hat Ihnen gutgetan? Wie sind Sie damit umgegangen? Wie positiv haben Sie sich hinterher gefühlt auf einer Skala von 0–10, kurzfristig und langfristig?

Checkliste Arbeitsfreude

Was war wichtig und erfreulich – Ereignisse, Gedanken, Aktivitäten, Gefühle?	Wie gehen Sie damit um?	kurzfristige Wirkung, 0–10	langfristige Wirkung, 0–10

Schätzen Sie das Gute!

Genau wie mit Problemen kann man auch mit erfreulichen Ereignissen, mit schönen Aktivitäten, positiven Gefühlen und Gedanken unterschiedlich umgehen:

- Man kann sie wertschätzen oder verharmlosen.
- Man kann Aufmerksamkeit für sie haben oder sie negieren.

- Man kann sie wahrnehmen als etwas, das aus einem selbst heraus entsteht, oder als etwas, das außerhalb der eigenen Person liegt und worauf man deshalb nicht direkt »Zugriff« hat.
- Man kann sie akzeptieren, man kann ein schlechtes Gewissen dabei haben oder sich sogar dafür schämen.
- Sie können einem guttun oder sich gegen einen richten.

Einmal angenommen, Sie bekommen ein Kompliment von Ihrem Vorgesetzten und Sie können das wertschätzen: »Wie schön, ich habe ein Kompliment bekommen.« Sie nehmen es an und bedanken sich dafür.

Sie können das Kompliment auch verharmlosen, indem Sie zu sich oder sogar zu Ihrem Vorgesetzten sagen, so besonders sei das, was Sie getan hätten, doch gar nicht gewesen. In diesem Moment haben Sie nicht wirklich Aufmerksamkeit für das Kompliment, Sie hören es im Grunde genommen gar nicht wirklich. Sie betrachten das Kompliment nicht als etwas, das mit Ihnen zu tun hat, sondern sehen es als etwas »Externes« an: Ihr Chef hat vielleicht in einem Workshop gelernt, dass er mehr Komplimente machen soll.

Das Kompliment kann sogar ein Gefühl der Schuld oder der Scham hervorrufen. Vielleicht fühlen Sie sich schuldig, weil Sie sich nicht noch mehr eingesetzt haben. Oder Sie schämen sich Ihren Kollegen gegenüber wegen der Aufmerksamkeit, die Ihnen zuteil wird.

Das Kompliment kann Ihr Selbstwertgefühl stärken, es kann sie aber auch quälen, wenn Sie beispielsweise überlegen: »Jetzt habe ich zwar ein Kompliment bekommen, aber der Chef hat immer noch nichts zu dem Geschenk gesagt, das ich ihm vor Kurzem gegeben hatte.« Das ist eine selbstzerstörerische Art, mit etwas Schönem umzugehen. Die oben aufgeführte Checkliste kann Ihnen dabei helfen, das Positive in Ihrem Leben zu verstärken.

»Ich leide unter plötzlichen Wutanfällen« – Ella (40)

Meine Situation
Als Chefin der Kommunikationsabteilung bei einer Wohnungsbaugenossenschaft habe ich drei Mitarbeiter unter mir. Ich spüre, dass sie Angst vor mir haben, und das ist mir unangenehm. Ich weiß auch, woher das kommt: Ich bin aufbrausend. Unrecht ist mir ein Gräuel, aber ich reagiere auch allergisch auf das Opferverhalten anderer Menschen. Es versetzt mich in Wut. Mein hohes Verantwortungsbewusstsein bringt mir viel Frustration ein. Wenn ich selbst nicht das Wesentliche im Auge behalte, tut es niemand. Das Gefühl, dass es am besten ist, wenn ich alles selbst regle, setzt mich unter Druck. Meine Regelwut hat manchmal eine zwanghafte Komponente. Ich finde dadurch nur schwer Ruhe und habe nie genug Zeit.

Ein konkretes Beispiel
Alles, was ich will, gelingt mir. Außer Kinder bekommen. Ich bin gerade vierzig geworden und fühle mich in diesem Punkt frustriert. Wir haben alles Mögliche probiert, aber als ein zweiter Versuch mit künstlicher Befruchtung fehlschlug, haben wir damit aufgehört. Nun habe ich gerade erfahren, dass meine Kollegin, mit der ich schon seit zehn Jahren zusammenarbeite, schwanger ist.

Die Folgen
Wutanfälle und Stress. Ich bin wütend auf mich selbst, wenn ich mich wieder einmal habe gehen lassen.

Was möchte ich verändern?
Ich hätte gern mehr Kontrolle über meine Emotionen. Ich möchte Frauen, die schwanger sind, nicht hassen. Außerdem wäre ich gerne meine Minderwertigkeitsgefühle los. Ich empfinde mich im Vergleich mit anderen immer als weniger wertvoll, weil ich nur einen Realschulabschluss habe. Des-

halb bin ich ständig eifersüchtig auf andere und spüre meine eigenen Bedürfnisse und Sehnsüchte nicht. Die Eifersucht hält mich ständig in innerer Unruhe.

Kann ich ein Beispiel nennen?
Nicht von einer positiven Veränderung, nur davon, wie es gerade mal wieder schiefgegangen ist.

Wie kommt es, dass ich nicht gut für mich selbst sorge? Warum habe ich das Problem nicht erkannt und warum hat mich niemand gewarnt?
Bis zu meinem dreißigsten Lebensjahr habe ich nicht gut für mich selbst gesorgt, finde ich jetzt. Danach richtete ich meine ganze Aufmerksamkeit darauf, ein Kind zu bekommen, das heißt, dass ich mental immer noch nicht gut für mich gesorgt habe. Ich stamme aus einer Familie mit vier Kindern, von denen eines, eine Schwester, verstorben ist. Mein Vater war ein Nichtsnutz. Er trank zu viel, hatte Steuerschulden und ging bankrott. Sein Bruder wurde steinreich. Dieser Onkel stellte für mich eine Autorität dar, ich habe zu ihm aufgeschaut, ihn idealisiert und meinen Vater verachtet. Ich stelle fest, dass ich schnell wütend werde auf Menschen, die mich an meinen Vater erinnern. Etwa, wenn ich das Gefühl habe, dass sie ihre Aufgaben zu leicht nehmen.

Wofür entscheide ich mich?
Ich möchte meine Emotionen gern in dem Moment regulieren können, in dem ich sie wahrnehme. Ratschläge handeln oft davon, was man nachher tun kann. Wie man dann die Gefühle in den Griff bekommt. Ich möchte es anders anpacken. Das nächste Mal, wenn ich so wütend werde, ziehe ich mich kurz zurück. Ich werde das als Scherz verpacken: Hört mal, ich zähle mal eben bis zehn. Und dann werde ich eine Entspannungsübung machen.

Übungen für einen ruhigen Geist

Atmen Sie durch die Nase ein und durch den Mund aus. Sie blasen also, bildlich gesprochen, eine Wolke auf den Spiegel. Atmen Sie dreimal in den Bauch hinein und richten Sie dann Ihre Aufmerksamkeit auf Ihren Scheitel. Visualisieren Sie einen Gedanken über eine innere Erfahrung, wie etwa Liebe. Denken Sie an das letzte Mal, als Sie gespürt haben, wie Liebe durch Ihren Körper strömt. Versuchen Sie, sich das Bild so konkret wie möglich vorzustellen, indem Sie Ihre(n) Liebste(n) vor sich sehen, so wie er oder sie Ihnen am besten gefällt. Spüren Sie, wie Sie sich bei diesem Bild entspannen und wie Sie leicht lächeln. Auf diese Art können Sie auch mit anderen positiven Gefühlen, wie Hoffnung, Frieden, Vertrauen oder Freude üben. Überlegen Sie, was Ihnen Hoffnung gibt: ein gutes Gespräch, eine nette Begegnung, eine freundliche Geste, ein gutes Buch? Woran denken Sie bei dem Wort »Frieden«? An Frieden mit sich selbst? Wann haben Sie sich zufrieden gefühlt? Führen Sie sich diese Situation noch einmal ganz genau vor Augen und aktivieren Sie erneut das Gefühl, das dazu passt. Wie steht es mit Vertrauen: Wem vertrauen Sie in Ihrem Leben? Wann vertrauen Sie auf sich selbst? Freude: Wann haben Sie sich zum letzten Mal so richtig gefreut? Oder wann haben Sie jemand anderem eine Freude gemacht? Verweilen Sie hier einen Augenblick. Führen Sie sich die Bilder vor Augen und machen Sie sich Ihre Gefühle bewusst.

Lassen Sie alle kritischen Gedanken los. Akzeptieren Sie, dass sie vorhanden sind, aber lassen Sie sie ruhen. Lenken Sie Ihre Aufmerksamkeit zurück auf das jeweilige positive Gefühl und auf den Scheitelpunkt auf

Ihrem Kopf. Falls Sie sich angespannt fühlen, atmen Sie dann ein paar Mal tief ein und aus, lassen Sie die Augen geschlossen und lenken Sie die Aufmerksamkeit dann auf ein anderes positives Gefühl. Machen Sie diese Übung nicht länger als fünf Minuten. Nur im Zustand der Ruhe können wir erforschen, wo unsere Gefühle herkommen und was sie bewirken können. Befinden Sie sich in einem Zustand der Aufregung, zum Beispiel in Wut, dann vermischt sich das Nachdenken über die Gefühle mit Angst, Leugnung und Beschuldigungen.

Akzeptieren Sie sich selbst, ohne jemand anderes sein zu wollen.[5]

Signale psychischer Überlastung

So wie man seine Muskeln überbelasten kann, kann man auch das Gehirn überbeanspruchen. Bei psychischer Überforderung kann man sich dann ähnlich »durch die Mangel gedreht« fühlen wie bei körperlicher Erschöpfung. Folgende Symptome können auftreten: Ein Gefühl des Kontrollverlusts, Ohnmachtsgefühle, Konzentrationsprobleme, Vergesslichkeit, »nicht zwei Dinge gleichzeitig tun können«, schneller gereizt sein, Gefühl der Entfremdung von sich selbst oder von anderen. Ohne den geringsten Anlass kann man sich ängstlich fühlen und manchmal auch unter Panikattacken leiden. Zusätzlich leidet man oft unter Schuldgefühlen und neigt zum Grübeln.

Was tun wir bei körperlicher Erschöpfung? Ausruhen und regenerieren. Man verlangt sich nicht noch mehr ab. Auffallend ist, dass Menschen bei mentaler

---

5 Diese Übung basiert auf: Cloninger, C. R. (2004): Feeling Good, the Science of Well-Being.

Überforderung häufig damit weitermachen, sich selbst zu sehr zu belasten. Sie spüren, dass sie dabei sind, sich selbst zu verlieren, sie beißen die Zähne zusammen, setzen mentale Scheuklappen auf, nehmen Schmerzmittel und zwingen sich mit aller Macht, den Anforderungen, die im Job, im Studium oder bei der Kindererziehung an sie gestellt werden, gerecht zu werden. Sie erscheinen früher am Arbeitsplatz und bleiben länger, sie nehmen Arbeit mit nach Hause.

Eine solche Reaktion bringt natürlich nichts. Die Folge ist zunehmende Labilität und ein noch stärkeres Gefühl des Kontrollverlusts. Möglich ist auch, dass man über einschneidende Maßnahmen nachdenkt, um zur Ruhe zu kommen: ein Sabbatjahr nehmen, sich krank melden, unbezahlten Urlaub nehmen, kündigen, ganz mit dem Arbeiten aufhören, den Hausarzt um Schlafmittel bitten, die eigene Beziehung beenden. Als erste Reaktion auf Stresssignale ist das selbstverständlich völlig unverhältnismäßig. Versuchen Sie zunächst, Ihr Gehirn als überlasteten Muskel zu betrachten, der aufgrund eines Überschusses an Stresshormonen bestimmte Gedanken und Bilder produziert. Ergreifen Sie Notmaßnahmen, indem Sie dafür sorgen, dass Sie zur Ruhe kommen, etwa dadurch, das Sie Termine absagen, die nicht unbedingt notwendig sind. Auf diese Weise wird das neurohormonale Gleichgewicht wieder hergestellt.

Sich mit Freude bewegen

Um die Abbauprodukte der Stresshormone Adrenalin und Kortisol loszuwerden, ist es wichtig, dass Sie sich körperlich ein wenig anstrengen. Machen Sie einen Spaziergang, fahren Sie eine Stunde Rad, gehen Sie schwimmen oder zum Fitness-Training. Gartenarbeiten, das Badezimmer putzen oder Bügeln sind ebenfalls geeignete Aktivitäten, um in neurohormonaler Hinsicht für Ausgleich zu sorgen. Für eine gute Gesundheit ist es wichtig, täglich etwa 30 Minuten in Bewegung zu sein. Bauen Sie die Bewegung wie eine Routinesache in Ihren Tagesablauf ein, so ähnlich wie Zähneputzen. Denken Sie nicht darüber nach, denn auch das kostet Energie. Betrachten Sie die Bewegung nicht als Leistung, sondern genießen Sie diese halbe Stunde.

Bankmanager Rik änderte bei seiner täglichen Laufrunde allmählich seine Einstellung. Früher schaute er ständig auf die Stoppuhr. Wie schnell schafft er die zehn Kilometer? Inzwischen hat er Spaß daran, einmal eine neue Strecke auszuprobieren. Er genießt es, sich in der Natur zu bewegen, und reguliert die Geschwindigkeit in Anpassung an seinen Pulsschlag. Auch in Bezug auf seine Arbeit hat er das Gefühl, dass er seine Scheuklappen abgelegt hat. Er macht immer noch dieselbe Arbeit, aber er packt die Dinge anders an.

Das Herz spiegelt Emotionen wider

Das Herz ist ein Körperorgan, aber im übertragenen Sinne sehen wir es auch als Zentrum unserer Emotionen. Emotionen haben viel Einfluss auf unser Tun und Lassen. Wer in der Lage ist, die eigenen Emotionen zu steuern, hat mehr Kontrolle über sein Leben. Emotionen kann man im Gehirn messen, aber auch mittels des Magnetfeldes um unser Herz herum. Der Rhythmus unseres Herzens beeinflusst den übrigen Körper und über unsere Ausstrahlung auch andere Menschen. Negative Gefühle verursachen Stress. Angst, Sorgen, Niedergeschlagenheit, emotionaler Schmerz, Einsamkeit, Reizbarkeit, Wut, Langeweile, Eifersucht, Schuldgefühle, Neid und Groll – wenn solche negativen Gefühle kein Ventil finden, verschlingen sie Energie. Unser emotionaler Zustand spiegelt sich in dem Muster, das die Bewegungen des Herzens zeigen: Emotionen beeinflussen den Herzrhythmus. Und das wirkt sich wiederum auf das autonome Nervensystem und unseren Hormonhaushalt aus.

Wenn der Herzrhythmus ein harmonisches Muster zeigt – wir sprechen dann auch von einem kohärenten Herzrhythmus –, heißt das, dass der betreffende Mensch besser mit seinen Gefühlen umgehen, klarer denken und selbstbewusster handeln kann. Zeigt der Herzrhythmus ein chaotisches Muster, dann sind oft auch die Gedanken und die Handlungen ein Durcheinander.

Wie Herz und Kopf miteinander kommunizieren[6]
Emotionen sind an den Herzrhythmus gekoppelt. Positive Emotionen (Freude, Dankbarkeit) führen zu einem harmonischen, kohärenten Herzrhythmus; negative Emotionen (Frustration, Angst, Wut) zu einem chaotischen Muster. Es gibt vier Arten der Kommunikation zwischen Herz und Kopf:

1. die neurologische Kommunikation – über das autonome Nervensystem
2. die biochemische Kommunikation – über Hormone und Neurotransmitter
3. die mechanische Kommunikation – über den Pulsschlag/Blutfluss

---

6 Die Herzkohärenz-Therapie und die Herzkohärenz-Übungen basieren auf: Childre, D., Rozman, D. (2006): Stressfrei mit Herzintelligenz®. Gelassen und voller Energie in 5 Schritten, sowie Diepold, J.: Heart Assisted Therapy.

4. die elektromagnetische Kommunikation – beim Zusammenziehen des Herzens werden elektrische Signale abgegeben.

Das Herz kommuniziert also auf vier verschiedene Arten Information an das Gehirn. Das Gehirn interpretiert diese Information und entscheidet, was damit geschehen soll.

Herz-Kopf-Kommunikation[7]

Die folgende schematische Darstellung zeigt, wie positive und negative Emotionen auf das autonome Nervensystem und den biochemischen Kommunikationsweg zwischen Herz und Kopf einwirken.

Die sympathische Aktivierung (im oberen Teil der Darstellung) geschieht sowohl bei positiven als auch bei negativen Emotionen. Auch die parasympathische Aktivierung (im unteren Teil der Darstellung) kennt eine positive und eine negative Seite. Die Zusammenarbeit zwischen den Regelsystemen auf der linken Seite führt im Allgemeinen zu geringer Leistung, die Zusammenarbeit auf der rechten Seite zu hoher Leistung oder einem positiven Gefühl (Entspannung, Genugtuung, Zufriedenheit). Sie sehen auf der rechten Seite, dass bei positiver Leistung oder einem positiven Gefühl das Hormon DHEA ansteigt und das Kortisol abnimmt. Bei einer negativen Erfahrung steigt – umgekehrt – das Stresshormon Kortisol an und das DHEA nimmt ab.

7 Nach Childre/Rozman, a. a. O.

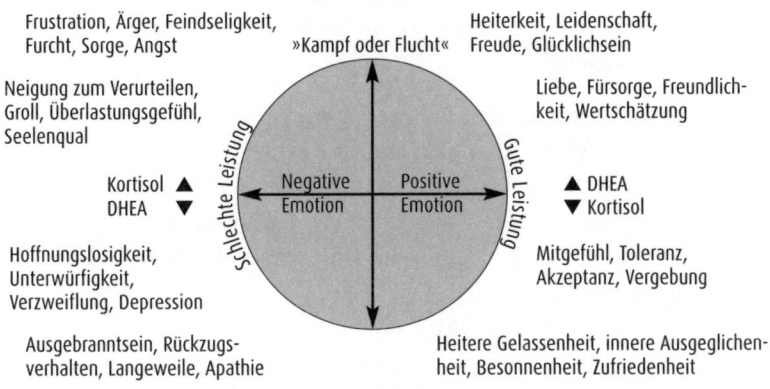

Starke Erregung/hohe Energie
▲ SYMPATHIKUS

Frustration, Ärger, Feindseligkeit, Furcht, Sorge, Angst

»Kampf oder Flucht«

Heiterkeit, Leidenschaft, Freude, Glücklichsein

Neigung zum Verurteilen, Groll, Überlastungsgefühl, Seelenqual

Liebe, Fürsorge, Freundlichkeit, Wertschätzung

Schlechte Leistung

Gute Leistung

Kortisol ▲
DHEA ▼

Negative Emotion

Positive Emotion

▲ DHEA
▼ Kortisol

Hoffnungslosigkeit, Unterwürfigkeit, Verzweiflung, Depression

Mitgefühl, Toleranz, Akzeptanz, Vergebung

Ausgebranntsein, Rückzugsverhalten, Langeweile, Apathie

Heitere Gelassenheit, innere Ausgeglichenheit, Besonnenheit, Zufriedenheit

Schwache Erregung/geringe Energie
▲ PARASYMPATHIKUS

Aus: Doc Childre/Deborah Rozman: Stressfrei mit Herzintelligenz, VAK Verlag 2006, S.123. © Institute of HeartMath

Herzkohärenz – Training

Das Herzkohärenz-Training ist eine Methode, bei der man lernt, die eigene Herzkohärenz zu fördern. Es geht um Techniken, die uns helfen, unserem Herzen besser zu folgen, und die uns näher an unser Gefühl heranführen, damit es uns wieder besser gelingt, aus dem Gefühl heraus zu handeln. Die Übungen helfen, das Gleichgewicht wiederherzustellen, das durch eine unbedachte Bemerkung, eine unberechtigte Kritik, eine Zurückweisung oder das Gefühl, im Stich gelassen worden zu sein, gestört wurde.

Schnelle Herzkohärenz-Übungen

Rufen Sie ein positives Gefühl wach, um sich selbst positiv auszurichten.

1. Richten Sie Ihre Aufmerksamkeit auf Ihr Herz. Atmen Sie ruhig in den Bauch hinein. Beim Einatmen wölbt sich der Bauch nach vorne, beim Ausatmen ziehen Sie den Bauch zurück. Während Sie so ein- und ausatmen, legen Sie Ihre verschränkten Hände auf Ihr Herz.
2. Atmen Sie mit dem Herzen.
3. Rufen Sie ein positives Gefühl bei sich wach und verbinden Sie es mit Ihrem Herzen. Denken Sie dabei an Gefühle wie Liebe, Schönheit, Verführung, Leidenschaft, Genugtuung und Dankbarkeit.

Verwenden Sie diese Übungen zur Stimmungsaufbesserung. Das positive Bild und die Hände auf dem Herzen haben einen günstigen Einfluss auf Ihr Empfinden von Energie. Indem Sie Ihre Aufmerksamkeit auf etwas Positives richten, können Sie negativen Emotionen besser die Stirn bieten.

Wenn Sie diese Übungen machen, strahlen Sie in Gesellschaft mehr positive Energie aus und werden offener für andere. Sie sind zugänglich und ansprechbar anstatt verschlossen, in sich gekehrt und gefangen in den eigenen negativen Gedanken.

Verankern Sie ein positives Gefühl

Rufen Sie ein positives Gefühl wach und halten Sie es nun länger fest.

Sie beginnen mit der Bauchatmung und legen dann Ihre Hände verschränkt auf Ihr Herz. Atmen Sie mit Ihrem Herzen und rufen Sie ein authentisches Gefühl von Verzauberung, Liebe oder Wertschätzung wach. Halten Sie dieses positive Gefühl eine Minute lang fest. Kehren Sie zu Ihrem Herzen und Ihren positiven Gefühlen zurück, wenn Ihre Aufmerksamkeit abschweift. Machen Sie diese Übung jeden Tag und dehnen Sie die Zeit, in der Sie das positive Gefühl festhalten können, auf fünf Minuten aus. Denken Sie daran, was die englische Schriftstellerin Fay Weldon darüber sagt, was Frauen glücklich macht: Glück dauert nicht länger als zehn Minuten! Sie müssen danach ja nicht unglücklich sein, Sie gehen nur wieder zur Tagesordnung über.

Ersetzen Sie ein negatives Gefühl durch ein anderes

Installieren Sie eine positive Emotion als Ausgangspunkt für Ihr Handeln.

Trainerin Saskia war über einen Kunden, der ihre Rechnung nach zwei Monaten immer noch nicht bezahlt hatte, sehr verärgert. »Aber ich konnte mit diesem Gefühl nichts anfangen, denn ich musste einen Workshop vorbereiten und mich konzentrieren. So ein Gefühl steht mir dann doch nur im Weg. Bei der Konzentration auf die Atmung fühlte ich, dass ich etwas ruhiger wurde. Ich dachte an die SMS, die ich von meinem Sohn bekommen hatte. Er war sicher an seinem Urlaubsort angekommen und ich empfand Dankbarkeit. Das Gefühl der Dankbarkeit stellte ein gutes Gegengewicht zum Gefühl der Verärgerung dar. Beim Einatmen konzentrierte ich mich auf das Gefühl der Dankbarkeit, beim Ausatmen auf die freundliche Zahlungserinnerung, die ich meinem Kunden schicken würde. Schließlich ist er bisher seinen finanziellen

Verpflichtungen immer termingerecht nachgekommen.«

Legen Sie Ihre Hände über Kreuz auf Ihr Herz. Atmen Sie mit dem Herzen. Machen Sie das mindestens 30 Sekunden lang. Wählen Sie dann ein positives Gefühl oder eine positive Einstellung aus, die Sie ein- und ausatmen. Machen Sie auch das mindestens 30 Sekunden lang. Wenn Sie spüren, dass Sie Zugriff auf das positive Gefühl haben, halten Sie es fest: Stellen Sie sich vor, dass Sie die Energie, die das Gefühl vermittelt, in Ihrem Herzen speichern. Machen Sie das ein paar Minuten lang. Wählen Sie solche Gefühle aus, die die negativen Gefühle neutralisieren oder ins Gleichgewicht bringen können. Atmen Sie tief ein, mit der Absicht, *die negative Emotion durch eine positive zu ersetzen.*

Versuchen Sie, beim Einatmen das Empfinden der positiven Emotion zu spüren und beim Ausatmen die Handlung zu spüren, die zu diesem Gefühl passt. Sie können beispielsweise das Gefühl von Ausgeglichenheit einatmen und Versöhnlichkeit ausatmen.

Diese Übung hilft Ihnen, wenn Sie ein schwieriges Gespräch zu führen haben. Sie ersetzen die negativen Gedanken vor dem Gespräch, während des Gesprächs und nach dem Gespräch durch andere Gedanken. Die Übung ist auch hilfreich, wenn Sie nicht schlafen können, weil allerlei Gedanken durch Ihren Kopf spuken, wenn Sie übermüdet und mit Widerwillen aufstehen, wenn Sie Angst vor der Zukunft haben, wenn Sie in negativen Gedankenkreisen hängenbleiben oder wenn traumatische Erfahrungen ungewollt wieder aufleben.

Lösungen suchen
Nutzen Sie eine positive Emotion, um eine Frage zu beantworten.

Fangen Sie mit der Fantasiereise »Der breite Fluss« aus Kapitel 2 an. Gehen Sie nun auf Abstand zu Ihren täglichen Gefühlen und Gedanken. Drücken Sie dann den Pauseknopf. Legen Sie den Strom von Gedanken und Gefühlen einmal still.

Legen Sie Ihre Hände verschränkt auf Ihr Herz. Atmen Sie mit Ihrem Herzen. Bleiben Sie eine Weile dabei. Rufen Sie positive Gefühle wie etwa Dankbarkeit oder Wertschätzung wach. Fragen Sie sich nun selbst, was Sie tun können, um den Stress zu mindern und in ein Gleichgewicht mit sich selbst zu kommen. Hören Sie auf das, was Ihr Herz zu sagen hat, und versuchen Sie, es festzuhalten. Diese Übung eignet sich sehr gut bei emotional schmerzhaften Erfahrungen. Wenn jemand Sie verurteilt, beschuldigt, demütigt oder übersieht. Sie können die Übung auch anwenden, wenn Sie bei einer Entscheidung unsicher sind oder wenn Sie vor einer wichtigen Entscheidung stehen. Experimentieren Sie damit, auf diese Weise erhalten Sie auch kreative Ideen und neue Antworten.

Burnout-Risikoprofil

Das Risiko, an Burnout zu erkranken, ist nicht bei allen Menschen gleich hoch. Ob man gefährdet ist, hängt unter anderem vom Persönlichkeitstyp ab. Wer seine Persönlichkeit kennt, kann sein Burnout-Risiko besser einschätzen. Und wer sein eigenes Risiko kennt, achtet mehr auf Ausgewogenheit in seinem Leben und mindert damit die Gefahr, dass es zur Erkrankung kommt. Der Krankenpfleger Ron muss, wenn er ausgeglichener sein möchte, sein Verantwortungsgefühl zurückschrauben. Vielleicht wäre es für ihn sogar besser, in einem anderen Bereich zu arbeiten, wo er weniger der Gefahr von Schuldgefühlen ausgesetzt ist. Etienne hat die Neigung, zwanghaft mit Problemen umzugehen. Wenn alles gut geht, kann er sich sehr gut auf etwas einstellen und konzentriert mit einer Sache beschäftigt sein. Man kann ihm ruhigen Gewissens eine Aufgabe übertragen. Aber wenn es stressig wird, zeigt sich, dass seine gegenwärtige Position eine Nummer zu groß für ihn ist. Er reagiert dann zwanghaft. Ella ist getrieben von dem Bedürfnis nach Kontrolle. Sie erträgt es nicht, wenn sie etwas nicht im Griff hat. Bei Stress ruft ihr perfektionistisches Profil viel Angst hervor, sie befürchtet, die Kontrolle zu verlieren. Um diese Angst nicht zu spüren, poltert sie in ihrer Wut oft gegen diejenigen, die ihre hohen Erwartungen nicht erfüllen.

Der amerikanische Psychiater Freudenberger hat in den 1980er-Jahren beschrieben, welche Menschen ein höheres Risiko haben, auszubrennen. Zur damaligen Zeit ging es vor allem um pflichtbewusste verantwortungsvolle, besorgte und loyale Menschen, die mehr Arbeit erledigen, als sie machen müssten, und damit über ihre eigenen Grenzen gehen. Dieser Typus ist klar erkennbar, aber auch andere Typen tragen ein Burnout-Risiko in sich. Im Folgenden finden Sie eine Beschreibung der verschiedenen Typen und ihre jeweiligen Risikoprofile.

Die Sprunghaften sind innovativ, impulsiv und instabil. Ihre positive Seite ist, dass sie offen sind für neue Dinge, dass sie sehr begeisterungsfähig und leidenschaftlich sein können. Ein Nachteil ist, dass sie den Tag über mehrmals ihre Stimmung ändern und sehr unruhig sind. Sie kennen keine Grenzen, sind immer auf der Suche nach etwas oder jemand anderem. In Beziehungen sind sie wenig stabil. Im einen Moment himmeln sie einen an und einen Augenblick später ist man Luft für sie. Manchmal spielen sie Menschen gegeneinander aus. Sie kennen keine Grenzen, befinden sich ständig in der Krise, man wird aus ihnen nicht schlau. Als Führungskräfte sind sie launenhaft und erzeugen viel Angst und Spannung. Das eine Mal wird man wegen eines kleinen Fehlers beschimpft, im nächsten Moment über den grünen Klee gelobt. Wegen ihrer Grenzenlosigkeit, der Angst vor Leere und Langeweile und der endlos erscheinenden Menge an Konflikten verbrauchen sie viel Energie. Das Risiko auszubrennen, ist ständig vorhanden.

Perfektionisten sind häufig sehr genau, sehr sorgfältig und gewissenhaft. Sie sind – nahe am Zwanghaften – auf Kontrolle und Perfektion aus. Ihr Büro ist immer aufgeräumt, alles hat einen festen Platz. Übersichtliche Aufgaben kann man ihnen ruhig übertragen: Alles wird tipptopp erledigt. Als Führungskräfte können sie ihre Mitarbeiter aber zur Verzweiflung bringen, wenn sie eine Arbeit dreimal oder sogar noch öfter zurückschicken. Dadurch leidet auch die Produktivität. Dieser Persönlichkeitstyp trägt nicht nur ein Burnout-Risiko, sondern auch das Risiko für ein RSI-Syndrom. Im nächsten Kapitel wird der Perfektionismus als Verhaltensmuster noch genauer betrachtet. Dort finden Sie auch einen Fragebogen zu diesem Phänomen.

Narzissten können große Höhen erreichen, was ihnen aber im Weg steht, ist ihr fragiles Selbstwertgefühl und ihr Bedürfnis nach Bewunderung und Bestätigung, das damit zusammenhängt. Alles ist für sie ein Spiegel. Noch die kleinste und geringfügigste Kränkung führt zu ungehemmten Wutausbrüchen. Die Beziehung zum anderen wird radikal abgebrochen, er wird Luft für sie. Diesen Persönlichkeitstypus findet man viel unter Führungskräften. Aus Begeisterung für eine Sache tun sie viel Gutes. Wenn sie einmal in der Chefposition angelangt sind, begegnet man ihnen meist mit Respekt, als Kollege geht man ihnen gern aus dem Weg. Dieser Typ ist leicht an der fehlenden Fürsorge für andere zu erkennen.

Kränkt man ihn zu tief, besteht das Risiko einer posttraumatischen Belastungsstörung. Auf eine Kündigung oder Degradierung können Angehörige dieses Typus mit suizidalem Verhalten reagieren. Burnout entsteht bei ihnen als Folge von Selbstzweifeln über der Angst, die sie auslösen.

Die Hochsensiblen, auch HSPs genannt (Highly Sensitive Persons), sind romantische Typen. Sie verfügen über die Empfindsamkeit eines Künstlers. Diese Empfindsamkeit bewirkt, dass sie sich schneller als andere Menschen durch Außenreize beeinträchtigt fühlen. Lärm und grelles Licht bringen sie aus dem Gleichgewicht. Am Arbeitsplatz fühlen sie sich beim kühlen Licht von Neonröhren unwohl. Schnell wird ihnen alles zu viel, sie reagieren stark auf die Stimmungen anderer Menschen in ihrer Umgebung. Sie sind empathisch, spüren schneller als andere, wenn jemand sich nicht wohlfühlt, und wissen oft auch, woran das liegt. Manchmal wird ihre zurückhaltende Art als Arroganz angesehen. Die Leistung eines hochsensiblen Menschen lässt nach, wenn ihm andere über die Schulter bei der Arbeit zusehen oder wenn er beispielsweise mit Kollegen wetteifern muss. Versagensangst kann den HSPs im Weg stehen. HSPs kommen nicht so oft in Führungspositionen vor, sie sind nicht sehr geschäftstüchtig und haben am Arbeitsplatz oft eine isolierte Position. Als romantische Künstler in einem lärmabgeschirmten Atelier fühlen sich HSPs wie ein Fisch im Wasser. Eine freiberufliche Tätigkeit mit freier Zeiteinteilung passt ausgezeichnet zu ihnen. Das Risiko einer Beeinträchtigung durch Burnout ist bei diesem Typ ebenso hoch wie bei einem Perfektionisten. Die Erholung geht, gerade wegen der Empfindsamkeit, langsam vonstatten.

Aufmerksamkeitsbedürftige wollen Aufmerksamkeit und Aufmerksamkeit und noch mehr Aufmerksamkeit. Eines steht fest: In ihrer Gesellschaft ist es nie langweilig. Sie sind faszinierend, weil sie in allem übertreiben – in ihrem Aussehen, ihren Emotionen und ihrem Verhalten. Auf diese Weise stehen sie stets im Blickpunkt. Sie schreiben grenzverletzende Artikel, Bücher und Kolumnen, die für Aufsehen und Aufregung sorgen. Auf andere wirken sie oft unecht und tatsächlich sind sie häufig nicht wirklich in Kontakt mit ihren innersten Bedürfnissen und Gefühlen, denn alles ist bei ihnen darauf ausgerichtet, die Aufmerksamkeit der anderen auf sich zu ziehen. Das Paradoxe daran ist, dass sie sich selbst vernachlässigen, trotz der übermäßigen Investition in die eigene Person. Was fehlt, sind bedingungslose Selbstakzeptanz und Eigenliebe.

Es gibt die Aufmerksamkeitsbedürftigen in einer eher exzentrischen und einer eher zurückhaltenden Ausprägung. Der zurückhaltende Aufmerksamkeitsbedürftige ist die in aller Stille leidende, mysteriöse Frau, die nichts sagt, aber durch ihre Erscheinung alle Aufmerksamkeit auf sich zieht. Ihr Leben ist Drama, auch wenn sie es selbst nicht so bezeichnen würde. Als Führungskräfte sind diese Menschen oft charmant, wenig förmlich, sie halten gern ein Schwätzchen. Aufmerksamkeitsbedürftige laufen Risiko, sich zu erschöpfen angesichts der heftigen Emotionen und des Widerstands, der ihnen wegen ihres wenig geschäftstüchtigen Führungsstils entgegengebracht wird.

Die Gefälligen arbeiten überaus hart und sind meist sehr angenehm im Umgang. Man fühlt sich durch sie jedenfalls nicht bedroht. Es geht hier um den netten TV-Moderator oder den Parteivorsitzenden, der wegen seiner sozialen Kompetenz und seiner liebenswürdigen Art von allen hoch gelobt wird. Sie arbeiten viel, weil sie um Liebe betteln. Sie wollen von allen nett gefunden werden und tun sehr viel dafür. Im ersten Kontakt machen sie einen angenehmen Eindruck. Sie sorgen dafür, dass andere sich wohlfühlen, hören gut zu und zeigen sich hilfsbereit. Sie geben ihrem Gegenüber viel Raum: Dieses kann sich in seinen Grandiositätsgefühlen bestätigt fühlen. Die Gefälligen sind auf Zustimmung und Bestätigung aus. Oft hört man von ihnen, wenn sie sich krank gemeldet haben, die Klage, dass ihre Vorgesetzten oder Kollegen ihnen nie ein Kompliment aussprechen. Mangelnde Zustimmung bewirkt bei Menschen dieses Typus Unsicherheit. Im Grunde genommen fühlen sie sich verkannt. Sie haben sehr viel in ihre Arbeit investiert, spüren aber nicht, dass sie dafür Anerkennung und Wertschätzung bekommen würden. Die Liebe, um die sie betteln, bleibt aus. Die Gefälligen sind verletzliche Menschen, die viel Energie in eine starke Außenfassade investieren, deren Innenleben aber nicht gut versorgt, sondern ausgehöhlt ist. Durch Kranksein können sie auf eine passive Art und Weise ihrer Wut Ausdruck geben, sich für alles, was man ihnen angetan hat, rächen und – so widersprüchlich dies auch erscheinen mag – darauf hoffen, doch noch Anerkennung für ihren erbrachten Einsatz zu bekommen. Die Krankheit bringt ihnen Gewinn: Sie sind vorübergehend erlöst von dem ständigen Druck, den sie verspüren.

Bestimmen Sie Ihren Persönlichkeitstyp: ein Selbsttest

Der folgende Fragebogen liefert Ihnen ein Bild der festen Interaktionsmuster zwischen Ihnen und der Außenwelt. Der Test gibt Einblicke in die Frage, wie Sie sich selbst beurteilen und in welchem der Typen Sie sich wiederfinden. Betrachten Sie das Ergebnis als Richtungsanzeiger: Wenn Sie alles unverändert lassen, können Sie so werden. Um das zu verhindern, können Sie auch Eigenschaften eines anderen Typs bei sich entwickeln. Sie könnten beispielsweise die guten Seiten eines Perfektionisten mit den guten Seiten des Sprunghaften verbinden.

Bewerten Sie die folgenden Aussagen mit einer Zahl:

0   gar nicht einverstanden
1   fast gar nicht einverstanden
2   eher nicht einverstanden als einverstanden
3   weder einverstanden noch nicht einverstanden
4   eher einverstanden als nicht einverstanden
5   fast völlig einverstanden
6   absolut einverstanden

1. Ich unterliege stark wechselnden Stimmungen, manchmal innerhalb von ein paar Stunden.   *0*

2. Ich bin bei lauten Geräuschen und grellem Licht sehr empfindlich und fühle mich in überlaufenen Geschäften unwohl.   *5*

3. Ich sehe kein Problem darin, andere dafür zu benutzen, die eigenen Ziele zu erreichen.   *2*

4. Ich arbeite viel mit Listen und Übersichten und organisiere alles bis ins kleinste Detail, wodurch manches mich mehr Zeit kostet als andere Menschen.   *0*

5. Es könnte immer noch besser sein, eigentlich bin ich nie wirklich mit einer Leistung zufrieden.   *0*

6. Wenn ich keine Aufmerksamkeit bekomme, ist mir nicht wohl, dann komme ich mir überflüssig vor.   *0*

7. Es fällt mir schwer, nein zu sagen oder anderer Meinung zu sein als mein Gegenüber.   *0*

8. Ich finde, dass ich außergewöhnliche Leistungen erbringe und bestimmte Dinge sehr gut kann, und möchte dafür gerne bewundert werden.   *4*

9. Ich bin entweder total von jemandem überzeugt und begeistert, oder ich lasse kein gutes Haar an ihm.   *0*

10. Ich kleide mich gern verführerisch, flirte gern und äußere mich manchmal übertrieben emotional.   *0*

11. Ich leide unter meinem ausgeprägten Verantwortlichkeitsgefühl.   *6*

12. Ich habe gern mit Leuten zu tun, die, wie ich, etwas Besonderes sind. _3_

13. Es fällt mir schwer, Dinge einzig und allein für mich zu tun, ich habe es lieber, wenn andere auch etwas davon haben. _4_

14. Ich vermeide Arbeitsessen und Empfänge, weil ich Angst habe, verletzt oder zurückgewiesen zu werden, wenn andere mich langweilig oder unattraktiv finden. _0_

15. Ich bin sehr impulsiv, leide manchmal an Fressattacken oder Kaufwut. Ich habe wechselnde sexuelle Kontakte. Ich schlage mir gern mal die Nacht in der Kneipe um die Ohren und experimentiere mit Drogen. _0_

16. Als Kind wurde ich von meinen Eltern und Lehrern als empfindsam und schüchtern betrachtet. _6_

17. Ich tue oft mehr für andere als andere für mich. Gelegentlich bin ich darüber wütend, fühle mich nicht anerkannt oder unglücklich. _4_

18. Für mich muss es nicht so tiefschürfend sein. Ich drücke mich gern global und diffus aus, ein bisschen impressionistisch. _0_

Erreichen Sie bei den Fragen 1, 9 und 15 zusammen 13 oder mehr Punkte?

Dann sind Sie der **Sprunghafte**.

Empfehlung: Sorgen Sie für mehr Struktur. Arbeiten Sie dazu mit den Coachingfragen, die Sie in den Fallbeispielen dieses Buches finden. Wenden Sie die Herzkohärenz-Übungen an, um Ihre Stimmung zu stabilisieren.

Erreichen Sie bei den Fragen 4, 5 und 11 zusammen 13 oder mehr Punkte?

Sie sind ein echter **Perfektionist**.

Empfehlung: Lernen Sie, die Messlatte tiefer zu legen, indem Sie sich selbst auferlegen, Aufgaben innerhalb einer bestimmten Zeit zu erledigen. Lernen Sie, dass es kein Drama ist, wenn eine Arbeit weniger perfekt abgegeben wird. Unternehmen Sie in der Freizeit mehr zu Ihrer Entspannung. Machen Sie die Herzkohärenz-Übungen, um zur Ruhe zu kommen.

Erreichen Sie bei den Fragen 3, 8 und 12 zusammen 13 oder mehr Punkte?

Sie sind ein **Narzisst**.

Empfehlung: Wichtig ist, dass Sie einen realistischen Blick auf sich selbst entwickeln. Noch schwanken Sie zwischen den Positionen, sich selbst als wertlos zu empfinden und sich als einzigartig und wunderbar zu erleben. Akzeptieren Sie sich, so wie Sie sind, mit starken und schwachen Seiten. Das können Sie erreichen, indem Sie für sich selbst den Gedanken wiederholen: Ich bin genauso viel wert wie alle anderen. Das können Sie tun, wenn Sie sich gekränkt fühlen, aber auch, wenn Sie sich übertrieben erfolgreich sehen.

Erreichen Sie bei den Fragen 2, 14 und 16 zusammen 13 oder mehr Punkte?

Sie sind eine **hochsensible Person (HSP)**.

Empfehlung: Lassen Sie rationales Denken zu. Warum sollten Sie weniger zählen als andere? Warum sollten andere Menschen Sie zurückweisen? Erstellen Sie eine Liste der Dinge, die Sie vermeiden, und tun Sie jeden Tag eine Sache, die für Sie eine Herausforderung darstellt.

Erreichen Sie bei den Fragen 6, 10 und 18 zusammen 13 oder mehr Punkte?

Sie sind ein **Aufmerksamkeitsbedürftiger**.

Empfehlung: Denken Sie öfter einmal nach, versuchen Sie einen klareren Blick für Ihre Bedürfnisse und Wünsche zu entwickeln. Unterscheiden Sie Ihre Emotionen. Orientieren Sie sich mit Ihren Zielen langfristiger.

Erreichen Sie bei den Fragen 7, 13 und 17 zusammen 13 oder mehr Punkte?

Sie sind ein **Gefälliger**.

Empfehlung: Wie können Sie es sich selbst angenehmer machen? Ihre Fähigkeit, gut für andere zu sorgen, können Sie auch bei sich selbst anwenden. Ihr Stolperstein ist vielleicht, dass Sie sich selbst nicht der Mühe wert finden, Ihre Fürsorge auf sich selbst zu richten. Eine eigene Firma – nichts für Sie, daran mögen Sie gar nicht denken, Sie arbeiten eben gerne für andere. Durchbrechen Sie diese Gedankenmuster und setzen Sie sich für sich selbst ein.

Die Herzkohärenz-Übungen bringen vor allem den Persönlichkeitstypen viel, die schnell aus dem Gleichgewicht zu bringen sind (der Sprunghafte, der Hochsensible, der Aufmerksamkeitsbedürftige). Machen Sie die Übungen so oft Sie können, wenn Sie spüren, dass Sie aus der Balance sind.

6. Häufig vorkommende Irritationen

Es gibt drei hartnäckige Verhaltensmuster, die unausweichlich zu Stress führen: Grübeln, Aufschieberitis und Perfektionismus. Diejenigen, die darunter leiden, würden sich von diesen Verhaltensmustern meist gerne befreien, denken aber oft, dass sie das gar nicht schaffen können, weil dieses Verhalten sozusagen ein Teil von ihnen ist. Tatsächlich aber lässt sich dieses unterminierende Verhalten an sich gut durchbrechen. Die Beteuerung »Ich höre damit auf« hilft meist nicht weiter, sondern fördert sogar noch das Gefühl der Ohnmacht. Viel besser ist es, das Verhaltensmuster zu verändern: Der Unruhe des Grübelns ein Ende zu setzen, indem man bewusst die Ruhe aufsucht. Herausforderungen anzunehmen (anstatt sie zu vermeiden), um die Aufschiebertis zu durchbrechen, Prioritäten zu setzen, wenn man unter Perfektionismus leidet.

Grübeln

Bastiaan (32) liegt die ganze Nacht wach, weil sein Chef nicht auf eine E-Mail reagiert hat, die er ihm geschickt hat. Er grübelt über die Frage, was sein Chef wohl über ihn denkt: »Es ist also doch so, mein Chef will mich nicht. Er ignoriert mich. So kann es mit meiner Karriere ja nichts werden. Aber eigentlich wundert mich das gar nicht so sehr, vielleicht bin ich für den Job doch nicht richtig geeignet.« Bastiaan wird immer aufgeregter, er empfindet sich als wertlos, ist verzweifelt und kann den negativen Gedankenfluss nicht stoppen.

Müde und zerschlagen geht er am nächsten Tag zur Arbeit, wo er jeden kleinen Rückschlag als »Beweis« für seine negativen Gedanken sieht. Er geht nicht auf seinen Chef zu, um ihn zu fragen, ob dieser seine Mail gelesen hat. In der folgenden Nacht geht das Grübeln wieder von vorne los.

Die Grübel-Top-5

Worüber grübeln Grübler? Psychologen haben herausgefunden, dass es um fünf Kernthemen geht, die eine entscheidende Rolle spielen und über die manche Menschen endlos grübeln können:

1. Schuld (»Es liegt an mir, hätte ich nur ...«)
2. Selbstwert (»Ich bin dumm, hässlich, schlecht ...«)
3. Kontrolle (»Ich bin machtlos, könnte ich doch wenigstens dafür sorgen, dass ...«)
4. Verletzlichkeit (»Ich kann das nicht allein, ich werde bestimmt krank, ich werde daran zerbrechen ...«)
5. Sicherheit (»Es wird etwas Schreckliches passieren ...«)

Energieraubendes Herumspintisieren

Grübeln, überlegen, herumspintisieren, sich den Kopf zerbrechen: Die Gedanken drehen sich im Kreis. Jeder Mensch macht das gelegentlich. Manche tun es aber so häufig, dass sie sich am Ende ihrer Nachtruhe, ihrer Energie und sogar ihres Lebensglücks beraubt sehen.

Grübeln bedeutet, sich selbst wegen möglicher kommender Gefahren unnötigerweise zu beunruhigen. Charakteristisch ist, dass man beim Grübeln die Gedanken darüber nicht mehr abstellen kann. Sogar wenn man in den Urlaub fährt, denkt man ständig darüber nach, ob man auch wirklich alles, was man braucht, eingepackt hat. Ob man auch das Flugzeug rechtzeitig erreichen wird und ob das Mietauto auch wirklich am Urlaubsort bereitstehen wird. Die Gedanken kreisen um die Ferienwohnung – wird sie auch keine Enttäuschung sein, mit viel Lärm von den Nachbarn oder vom Café gegenüber? Man hofft zutiefst, dass das Wetter auch wirklich schön bleiben wird.

Grübeln wirkt lähmend und verschlingt Energie. Außerdem greift es Ihr Selbstwertgefühl an. Ohne dass Sie es wollen, denken Sie permanent über Dinge nach, die geschehen sind oder möglicherweise noch geschehen könnten. Was für eine Verschwendung Ihrer eigenen Energie … und schon haben Sie wieder etwas, worüber Sie nachgrübeln können.

Hirngespinste

Auf den ersten Blick scheint es kein Mittel gegen das Grübeln zu geben. Mit dem Nachdenken aufhören? Je mehr Sie das versuchen, desto mehr verstricken Sie sich in Ihre eigenen Hirngespinste. Dennoch: Es gibt Wege, sich das Grübeln abzugewöhnen.

Was bei Bastiaan passiert, ist, dass er seine Gefühle der Verärgerung direkt an ein Ereignis koppelt, nämlich an die Tatsache, dass sein Chef nicht auf eine E-Mail reagiert hat. Und das, obwohl die Gefühle der Wut und der Unsicherheit gar nicht dadurch entstanden, sondern aus Bastiaans Interpretation des Sachverhalts erwachsen sind. Sein Chef hatte womöglich schlicht keine Zeit, die Mail zu lesen oder zu beantworten. Zwischen dem, was passiert ist, und dem eigenen Gefühlszustand befindet sich ein wichtiges Bindeglied: die eigenen Gedanken. Diese sind allerdings so schnell, dass man diesen Zwischenschritt einfach übersieht.

Nebenwirkungen des Stresshormons Kortisol

Wie kommt es zu dem Grübel-Hindernislauf? Er ist Folge einer neuronalen Störung. Bei einem stressigen Ereignis schüttet der Körper Adrenalin aus, um der Situation Herr zu werden. Anschließend produzieren wir das Hormon Kortisol, das den Adrenalin-Ausstoß abbremst. Wir würden uns sonst mit Adrenalin vergiften. Wenn Sie mit kurz andauerndem Stress bedroht sind – beispielsweise durch ein Feuer oder einen Verfolger auf der Straße –, ist dieser Mechanismus effektiv.

Bei chronischem Stress hat er aber eine gegenteilige Wirkung. Er führt zu einem dauerhaft erhöhten Kortisol-Spiegel im Blut. Die Nebenwirkungen eines hohen Kortisol-Spiegels sind Unruhegefühle, Schlaflosigkeit, Zweifel, Unsicherheit und Grübeln. Das Unangenehme daran ist, dass das Problem sich selbst aufrechterhält: Durch das Grübeln fühlt man sich noch gestresster.

Bringen Sie Ruhe in Ihren Körper

Die erste Empfehlung lautet daher: Sorgen Sie dafür, dass der Kortisol-Spiegel sinkt. Nehmen Sie den Fuß vom Gas. Das heißt nicht, dass Sie sich stattdessen auf die Couch legen und ausruhen sollten. Treiben Sie Sport, gehen Sie aus, machen Sie etwas Schönes. So entgiften Sie Ihren Körper von den Abfallstoffen der Stresshormone. Je wohler Sie sich in Ihrer Haut fühlen, desto geringer ist die Wahrscheinlichkeit, nächtlichem Grübeln und Brüten zum Opfer zu fallen. Manchmal hilft es schon, dass man sich bewusst macht: »Ich habe jetzt ein Problem mit dem Kortisol!«

Sorgen Sie für Ruhe in Ihrem Kopf

Mit der rational-emotiven Therapie, einer wissenschaftlich belegten Methode aus der kognitiven Verhaltenstherapie, können Sie Ihren gesunden Menschenverstand einbringen, um der Grübelneigung zu Leibe zu rücken. Beim Grübeln geht es oft um automatische Denkmuster: Katastrophendenken (»Es wird etwas Schreckliches passieren«), Zuschreibungen, Etikettierung (»Ich bin nun mal so ein Tollpatsch«), Alles-oder-nichts-Gedanken (»Ich habe immer Angst«), Übertreibung (»Ich kriege abolut nichts geregelt«).

Nicht alle Grübler sind gleich
Die **Unsteten** grübeln den ganzen Tag, wissen aber nicht genau, worüber sie eigentlich nachdenken. Es sind vor allem die kleinen Dinge: Ich muss noch einen Bikini besorgen ... Wie soll ich bloß dieses Essen organisatorisch hinkriegen ... Ich habe nichts zum An-

ziehen für das Fest... Es liegt noch so viel Wäsche rum ... Wo sollen wir unseren Urlaub verbringen ... Der Mann von der Bank hat immer noch nicht angerufen ... Wer hat bloß den Kratzer an meinem Auto verursacht ... Wie soll das gehen mit all den Projekten, die ich angenommen habe? Werde ich dieses Jahr meinen Bonus bekommen? Die Gedanken schwirren durch den Kopf und es passiert wenig. Manche Unstete neigen dazu, den Wirrwarr von Assoziationen durch Medikamente oder Alkohol abzuschalten.

Der **Ursachenforscher** sucht ruhelos nach den Gründen der unangenehmen Dinge, die ihm zustoßen. Wenn er sich mies fühlt, dann sucht er dafür nach einer Erklärung. Seine Ehe ist schlecht, seine Ehefrau denkt nur an sich selbst, er hat Chancen versäumt oder hat einen Job, der nicht zu ihm passt. Der Ursachenforscher neigt dazu, auf der Basis vermeintlicher Ursachen für das ganze Elend radikale Entscheidungen zu fällen: die Beziehung zum Partner beenden, den Job kündigen, auswandern. Dass das schlechte Gefühl auch schlicht auf Ermüdung oder einen Kater zurückzuführen sein könnte, auf die Idee kommt ein Ursachenforscher nicht.

Der **Rächer** grübelt hauptsächlich über das Unrecht nach, das ihm angetan wurde. Er fühlt sich irgendwie reingelegt und ist ständig damit beschäftigt, zu überlegen, was er damals wirklich hätte sagen sollen und wie er sich nun im Nachhinein noch rächen kann. Den Rächer plagt Reue aufgrund von verpassten Chancen, und er ist innerlich zerrissen, weil er seine herbeifantasierten Racheaktionen in Wirklichkeit ständig aufschiebt oder weil sie ihm misslingen.

Analysieren Sie Ihre Denkweise

Bastiaan macht eine Übung, die dazu beiträgt, dass er seiner Grübelneigung besser die Stirn bieten kann. Allmählich beginnt er zwischen einem Ereignis, den Gedanken zu diesem Ereignis und den Gefühlen, die durch die Gedanken aufkommen, zu unterscheiden. Er lernt dadurch, seine eigenen Gedanken auf den Prüfstand zu stellen: Ist das, was ich denke, wirklich und endgültig wahr? Oder könnte es auch so sein, dass da gar keine Wolke ist, die den Sonnenschein trübt? Erreiche ich, wenn ich solche Gedanken habe, mein Ziel? Am Computer erstellt er eine Tabelle, bestehend aus zwei Spalten und drei Zeilen. Ganz oben in die linke Spalte schreibt er die Situation hinein, eine Zeile darunter seine Gedanken und noch eine Zeile darunter seine Gefühle und sein Verhalten in der Situation. Rechts unten schreibt er auf, wie er sich gern gefühlt und wie er gern gehandelt hätte, in die Zeile darüber trägt er ein, mit welchen Gedanken er dieses Gefühl und das gewünschte Verhalten hätte erreichen können. Diese Gedanken bilden Herausforderungen für die Gedanken auf der linken Seite. Stimmt das denn wirklich, dass mein Chef nichts von mir hält? Kann ich Gedanken lesen? Erreiche ich, was ich fühlen möchte, wenn ich so denke? In der oberste Zeile der rechten Spalte überprüft er, ob er die Situation richtig wahrgenommen hat.

Jeder von uns kann diesen Gedankenswitch machen, er setzt allerdings Geduld und Übung voraus. Bei der Art und Weise, wie wir denken, handelt es sich schließlich um tief verfestigte Gewohnheiten.

Anti-Grübel-Tipps

1. Führen Sie eine Woche lang Buch über Ihre Katastrophengedanken und überprüfen Sie hinterher: Hat sich einer dieser Katastrophengedanken bewahrheitet?
2. Leeren Sie Ihren Kopf. Gehen Sie joggen, Fahrrad fahren oder ins Fitness-Studio.
3. Wenn Sie eine Entscheidung zu treffen haben, setzen Sie

sich dafür einen Termin. Vereinbaren Sie zum Beispiel mit sich selbst, dass Sie am Mittwoch nächster Woche entscheiden werden, wo Sie Ihren Urlaub verbringen wollen. Sammeln Sie bis dahin Informationen und wägen Sie die verschiedenen Alternativen gegeneinander ab. Wenn Sie sich dann einmal festgelegt haben, bleiben Sie bei Ihrer Entscheidung.

4. Schreiben Sie jeden Tag drei Dinge auf, die gut gelungen sind, und verstärken Sie so Ihr Gefühl der Zufriedenheit über Ihre persönliche Leistung..

5. Lernen Sie, mit Enttäuschung, Kummer und Wut umzugehen. Richten Sie dazu Ihre Aufmerksamkeit auf Dinge, die Sie auch wirklich beeinflussen können.

6. Wenn einmal etwas hinter den Erwartungen zurückbleibt, denken Sie sich: Was lerne ich daraus?

7. Meditieren Sie jeden Tag ein paar Minuten. Sie können sich dann besser konzentrieren. Wiederholen Sie beispielsweise fünf Minuten lang die Worte »Stille und Ruhe«. Oder konzentrieren Sie sich auf ein Bild, das ein entsprechendes Gefühl bei Ihnen auslöst.

8. Verpflichten Sie sich zu einer verordneten Grübel-Halbestunde pro Tag und halten Sie sich daran. Schreiben Sie Ihren wichtigsten Grübelgedanken auf und notieren Sie, welche Argumente den Gedanken unterstützen und welche ihn widerlegen. Denken Sie weiter, stellen Sie sich Fragen, analysieren Sie, welche negativen Gedanken über Ihre eigene Person dem Grübeln zugrunde liegen.

9. Bekämpfen Sie nächtliche Grübelgedanken mit einer Zählübung. Sie fangen bei 7999 an und ziehen davon immer drei ab. Die Ergebnisse schreiben Sie auf eine imaginäre Schultafel, die Sie, wenn sie vollgeschrieben ist, abwischen – und dann weitermachen.

10. Machen Sie vor dem Schlafengehen eine Entspannungs- oder Meditationsübung, und wiederholen Sie diese, wenn Sie nachts grübeln.

2. Aufschieberitis (Prokrastination)

Durch Reorganisationsmaßnahmen verlor Louise (34) vor drei Jahren ihren Arbeitsplatz. Sie musste sich anderweitig bewerben, hatte aber durch die Kündigung und die Arbeitslosigkeit starke Selbstzweifel aufgebaut. Ihr Selbstvertrauen hatte deutliche Kratzer abbekommen. Das Gefühl, dass sie gar nicht in der Lage war, einen überzeugenden Bewerbungsbrief zu schreiben, hielt sie davon ab, auch nur einen Versuch zu wagen. Sie wartete lieber erst einmal ab, bis sie sich wieder wohler in ihrer Haut fühlen würde. Monat für Monat.

Die Miete für ihre Wohnung wurde erhöht. Eigentlich wollte sie sich dagegen wehren und offiziell Einspruch erheben, aber es kam nicht dazu. Sie zahlte die Mieterhöhung aber nicht. Die Mahnungen des Vermieters ließ sie in einer Schublade verschwinden, sie sollten wenigstens aus dem Blickfeld sein. Louise nahm sich jeden Tag vor, ihre Papiere zu ordnen, aber es kam immer wieder etwas dazwischen.

Sie ließ es so weit kommen, dass ihre Wohnung zwangsgeräumt wurde und sie zu ihrer Mutter ziehen musste. Jede Nacht grübelt sie, was am nächsten Tag alles zu tun ist, aber dann bleibt es doch wieder beim Pläneschmieden.

Der Widerstand bei einer Aufgabe

Jeder Mensch verschiebt einmal etwas auf später. Vertagen geht ganz einfach: Man tut die Dinge, die man tun müsste, einfach nicht. Widerstände machen sich bemerkbar und man zieht es vor, etwas anderes zu tun.

Sie müssen Ihre Lohnsteuererklärung machen, aber Sie haben absolut keine Lust dazu. Das kostet schließlich viel Zeit, und die haben Sie heute nicht. Morgen geht ja auch noch. Ansonsten übermorgen. Vielleicht sollten Sie beim Finanzamt eine Verlängerung der Abgabefrist beantragen? Wenn es um Verwaltungsangelegenheiten geht oder um Rechnungen, die geschrieben werden müssen, oder ein schwieriges Telefonat, das zu führen wäre, oder um Aufräumarbeiten, leiden viele

Menschen an Prokrastination. Wenn man die lästigen kleinen Arbeiten nicht sofort erledigt, gehen manchmal Wochen ins Land. Einem kranken Kollegen eine Karte schicken? Fehlanzeige. Aber warum? Es wäre schnell gemacht, doch es sind große Widerstände im Spiel. Nie putzen Studenten ihre Wohnung so fleißig wie dann, wenn sie eigentlich fürs Examen pauken müssten. Menschen, die Dinge vor sich her schieben, finden immer eine Ausrede, und wenn es nur ein Trugschluss ist: »Ich will abnehmen, aber morgen hat meine Freundin Geburtstag und da will ich nicht unhöflich sein und ihren Kuchen ablehnen.« – »Im Urlaub höre ich mit dem Rauchen auf …« etc.

Versagensangst und Unsicherheit

Der Neigung, Dinge auf später zu verschieben, liegen oft unbewusste Motive zugrunde. Versagensangst ist beispielsweise solch ein Motiv. Fast jeder Mensch hat ab und zu darunter zu leiden: »Werde ich das wirklich hinkriegen?« Deshalb ist die »Aufschieberitis« auch so verbreitet: Sie kommt sehr häufig bei ängstlichen oder zwanghaften Menschen, unordentlichen und chaotischen Persönlichkeiten vor, aber auch bei Männern und Frauen, die hohe Anforderungen an sich selbst stellen. Perfektionisten, die alles besonders gut geregelt haben möchten, werden mehr als andere Menschen von Versagensangst geplagt. Für sie gilt: Es darf nicht danebengehen! Wenn sie sich nicht zu 100 Prozent fit fühlen, können sie gar nicht erst anfangen. Also wird die Sache verschoben, bis sie sich perfekt fühlen. Denn in einer 99-prozentigen Verfassung gelingt sie ihnen ja doch nicht.

Gefühle der Unsicherheit über die Zukunft führen ebenfalls gern zum Aufschieben und Vertagen, vor allem, wenn es um tiefgreifende Entscheidungen geht. Wegen einer neuen Beziehung umziehen in ein anderes Bundesland und alle Freunde hinter sich lassen? Sich auf eine bessere Stelle bewerben, die höhere Anforderungen an uns stellt? Unbezahlten Urlaub nehmen für eine längere Auslandsreise? Man überlegt hin und her – und man vertagt die Entscheidung. Bis sich die Frage womöglich nicht mehr stellt.

»Ich will den nächsten Karriereschritt« – Susanne (35)

Susanne ist eine taffe Frau. Sie fühlt sich an ihrem Arbeitsplatz unterfordert und sagt das auch jedem, der es hören will. Zugleich unternimmt sie wenig, um ihre Situation zu verbessern. Das geht seit Jahren so, und ihre Unzufriedenheit mit sich selbst wächst. Unter dem Panzer der »starken Frau« ist sie sich über ihre Möglichkeiten im Unklaren. Sie füllt das Coaching-Schema aus, um herauszufinden, was sie davon abhält, das zu tun, was sie wirklich will:

Meine Situation
Seit einigen Jahren sage ich nun schon, dass meine Arbeit als Leiterin der Produktion eigentlich ein doofer Job ist. Dass ich in der Firma weiterkommen möchte. Und dass ich, wenn sich nicht bald etwas verändert, weg bin. Aber man bietet mir nichts an. Als eine Reorganisation auf uns zukam, war ich gleich zur Stelle, um mitzuteilen, dass sie mich gerne weg-re-organisieren dürfen.

Ein konkretes Beispiel
Das haben sie nicht gemacht. Ich bin immer noch da. Aber bei der nächsten Kleinigkeit bin ich weg …

Die Folgen
Ich gebe mich zwar taff, aber im Grunde genommen habe ich große Angst vor einer Veränderung. Denn wenn ich mir vorstelle, dass es mir woanders nicht gefällt oder dass man meine Arbeit nicht gut genug findet, was mache ich dann? Ich habe mir hier eine felsenfeste Rechtsposition aufgebaut …

Was möchte ich anders machen?
Ich müsste meinen Lebenslauf aktualisieren und die Kollegen anrufen, die letztes Jahr von hier weggegangen sind.

Kann ich das an einem Beispiel verdeutlichen?
Eigentlich finde ich immer einen Grund, um all das auf später zu vertagen. Es fällt mir sehr schwer.

Wie kommt es, dass ich nicht gut für mich selbst sorge?
Das hat mit meinem mangelnden Selbstvertrauen zu tun. Aber was wird denn eigentlich bewiesen, wenn ich abgelehnt werde oder versage, sobald ich den nächsten Schritt mache? Warum sollte ich es nicht können und andere schon? Natürlich löst ein neuer Job Angst aus, aber die kann ich aushalten.

Ich entscheide mich für ...
Ich werde mit der Personalabteilung über die nächsten Schritte sprechen und konkret angeben, wo ich mich innerhalb der Firma hinbewegen möchte. Sollte es kurzfristig keine Möglichkeiten geben, dann werde ich um Begleitung bei der Suche nach einer externen Funktion bitten.

Das ständige Aufschieben durchbrechen
Sie können mehr Einsicht in Ihre eigene Verschiebetaktik gewinnen, wenn Sie mit rationalem Denken an die Sache herangehen. Halten Sie in einer Liste die Vor- und Nachteile dieses Verhaltens fest. Was bringt es Ihnen? Vielleicht das Gefühl der Sicherheit oder das Gefühl, mehr Zeit für schöne Dinge zu haben. Und welchen Preis zahlen Sie dafür? Vielleicht vergeben Sie dadurch Chancen, oder es stehen verärgerte Menschen vor Ihrer Tür. Finden Sie auch heraus, zu welchem Zeitpunkt Sie eine Entscheidung hätten treffen können beziehungsweise müssen. Sie können daran ablesen, dass das Verschieben nichts ist, das Sie heimsucht. Außerdem trägt es dazu bei, Einsicht in die eigenen Verhaltensmuster zu bekommen. Welche Dinge verschieben Sie und welche Dinge erle-

digen Sie sofort? Es ist sehr verlockend, zuerst die nette E-Mail zu schreiben und dann erst an der langweiligen Programmvorlage anzufangen. Drehen Sie die Dinge einmal um. Erledigen Sie zuerst die unangenehme Aufgabe, und wenn Sie damit fertig sind, dürfen Sie an die angenehmen Dinge gehen. Dann erst setzen Sie das sogenannte Premack-Prinzip um: Wenn man mit dem Unangenehmsten anfängt, wird die nächste Aufgabe zu einer Belohnung.

Kreative Ausflüchte

Wir Menschen sind unglaublich kreativ, wenn es darum geht, eine Ausrede für unsere eigene »Verschieberitis« zu finden. Die Ausflüchte dienen vor allem dem Zweck, sich selbst zu beruhigen: »Ich arbeite doch viel schneller, wenn ich motiviert bin.« Wenn man Führungsaufgaben ausübt, sollte man versuchen, sich nicht über die Ausreden der Mitarbeiter zu ärgern. Sammeln Sie die kreativsten Ausreden. Damit haben Sie wenigstens immer gute Anekdoten auf Geburtstagsfesten oder anderen Einladungen parat. Es gibt verschiedene Kategorien von Ausreden. Entdecken Sie, auf welche Sie selbst manchmal zurückgreifen:

Legitimation für das Aufschieben

Das dauert ja nicht lang. – Hat einfach nicht geklappt. – Heute bin ich nicht inspiriert. – Ich bin nicht so motiviert. – Ich habe jetzt keine Lust, es ist besser, wenn ich das später mache. – Ich muss jetzt wirklich etwas anderes machen.

Gute Vorsätze

Ich werde es mal versuchen. – Ich müsste das eigentlich machen. – Morgen fange ich an. – Eigentlich sollte ich es einmal probieren.

Unrealistischer Optimismus
Ich arbeite erst dann gut, wenn ich eine Deadline habe.
– Das ist leicht hinzukriegen. – Es ist mir bisher noch
immer gelungen. – Das wird schon.

Unrealistischer Pessimismus
Jetzt hat es keinen Sinn mehr. – Ich schaffe es doch
nicht mehr. – Es ist besser, eine Sache gut zu machen,
als zwei Dinge zugleich schlecht zu machen.

Unveränderliches Selbstbild
So bin ich nun mal. – Ich schiebe nun mal alles vor mir
her, das kann ich nicht ändern. – Das gehört zu den
Dingen, die ich nicht ändern kann.

Andere
Ich kann eine Freundin mit Liebeskummer doch nicht
vor die Tür setzen. – Soziale Kontakte sind das Wichtigste im Leben. – In der Arbeit ist jemand krank geworden, da musste ich einspringen.

Negativer Kommentar zu möglichen Lösungen
Bei mir funktioniert das nicht so. – Planung funktio-
niert bei mir nicht. – Lernen muss aus einem selbst
heraus entstehen, ein Stundenplan funktioniert nicht. –
Ich habe alles probiert – nichts hilft.
(Quelle: www.leidenuniv.nl)

3. Perfektionismus

Der prominente Modeschöpfer Christobal Balenciaga konnte
höchstpersönlich 24 Stunden damit zubringen, einen Ärmel
richtig in ein Kleid einzuarbeiten. Seine Kunden rühmten den
perfekten Sitz der von ihm geschaffenen Kleidungsstücke.

Balenciagas Perfektionismus half ihm, sich selbst zu übertreffen und seine Träume zu verwirklichen. Wenn man jemanden als Perfektionisten bezeichnet, ist das meist nicht als Kompliment gemeint. Das ist schade, denn an sich ist nichts Schlechtes an dem Wunsch, etwas perfekt zu machen. Perfektionismus kann eine positive Kraft sein, solange man nicht übers Ziel hinausschießt. Viele Menschen kommen in ihrem Beruf gar nicht ohne ein gewisses Maß an Perfektionismus aus. Denken Sie an Mediziner in einem Spezialbereich, Piloten, Spitzenköche, Künstler, Schlussredakteure und Schriftsteller. Ohne ihre Besessenheit für jedes Detail, ihre Genauigkeit, ihre kritische Haltung und die Angst, Fehler zu machen, hätten sie es nie bis in den jeweiligen Beruf geschafft.

Der Drang zum Perfekten kann Menschen aber auch in den Abgrund stürzen. Die mythenumwobene Sopranistin Maria Callas stellte sehr hohe Anforderungen an andere Menschen und noch höhere an sich selbst. Sie konnte es nicht ertragen, wenn ihre Stimme einmal nicht so gut war. Während einer Aufführung der Oper »Norma« verließ sie die Bühne, bevor die Vorstellung zu Ende war. Das wurde ihr übelgenommen: Sie hatte die Vorstellung abgebrochen, obwohl der italienische Präsident im Saal saß und die gesamte Elite der italienischen Kunstszene anwesend war. Callas' Ruf war beschädigt und von da an ging es mit ihrer Karriere bergab.

Der alltägliche Perfektionismus

Perfektionismus ist zum Teil Veranlagung. Manche Menschen sind von Kindesbeinen an sehr ordentlich und gut organisiert, gehen behutsam mit Dingen um und haben eine Auge für Details. Schon als Kinder blieben sie mit ihren Farbstiften immer ordentlich innerhalb der Linien. Eltern und andere Familienmitglieder helfen hier oft noch ein wenig nach und können so ein Kind auf Höchstleistung trimmen. Wenn sie dabei nur die Höchstleistung im Blick haben und nachfragen, warum die »Zwei« keine »Eins« ist, schießen sie übers Ziel hinaus. Dann schlägt die Freude über die gute Leistung um in die zwanghafte Forderung, dass diese Leistung immer erbracht werden muss. Später übernehmen dann die Schule und die Gesellschaft die Rolle der wertschätzenden oder fordernden Eltern. Nichts ist frustrierender, als ein Schulzeugnis mit der Bemerkung » ... könnte in seinen Leistungen besser sein« zurückzubekommen.

Die Gesellschaft verstärkt also den Perfektionismus. Lernleistungen werden mit guten Noten belohnt. Arbeitsleitungen mit einem höheren Einkommen, Bonuszahlungen und anderen Extras. Unser Streben nach dem Vollkommenen verlagert sich im Alltag häufig auf unser Konsumverhalten. Nicht wir selbst müssen perfekt sein, sondern vorzugsweise alles, was wir anschaffen beziehungsweise besitzen. Der Garten, das Haus, die Einrichtung, die Garderobe, das Auto – alles muss perfekt aussehen. Wir geben ein Vermögen dafür aus. Bei Frauen kommt noch das vollkommene äußere Erscheinungsbild hinzu, das inzwischen auch beim Schönheitschirurgen käuflich zu erwerben ist.

Es geht immer noch besser

Der französische Psychiater Fangent ist der Meinung, dass vielen Menschen ein gewisser Perfektionismus nicht fremd ist. Er versteht darunter die innere Stimme, die uns sagt, dass es immer auch noch besser geht.

Perfektionismus richtet sich allerdings gegen uns, wenn wir unsere eigenen Fehler und Momente des Versagens übertrieben bewerten und uns gleichzeitig unerreichbare Ziele stecken, von denen dann wiederum die Selbstwertschätzung und die Achtung durch andere abhängig gemacht werden. Jemand, der durch und durch Perfektionist ist, stellt übertrieben hohe Anforderungen an sich selbst und ist chronisch unzufrieden mit sich: Egal, was er tut, es ist nie gut genug. Wenn man sich zu viel um Details kümmert, geht einem immer weniger von der Hand. Wenn man von seinem angeborenen Perfektionismus profitieren möchte, dann muss man ihn auch relativieren können.

Von der Powerfrau zur grauen Maus

Alice fing ihre Laufbahn als Sekretärin an. Sie wuchs in einer Mittelstandsfamilie auf, wo sie nach Beendigung der weiterführenden Schule gleich mit anpacken musste. Obwohl sie gut in der Schule war, musste sie sich nach dem Fachabitur eine Stelle suchen. Alice lehnte sich gegen ihr Milieu auf: Sie wollte zeigen, was in ihr steckte. Sie sparte Geld, kündigte ihre Stelle und setzte alles auf eine Karte, sie wollte und sollte auf die Filmakademie gehen. Durchsetzungsfähigkeit, Disziplin – an der Grenze zum Fanatismus – und Sturköpfigkeit sorgten dafür, dass sie dieses Ziel erreichte. Sie wurde TV-Regisseurin.

Nach 15 Jahren wurde ihr plötzlich mitgeteilt, dass der Sender, für den sie arbeitete, keine Verwendung mehr für sie habe, »weil sie eine ordnungsbesessene, graue Maus geworden sei, die kaum mehr innovative und kreative Arbeit ablieferte«. Das ungeschönte Urteil des Programmleiters schlug bei Alice ein wie eine Bombe. Sie konnte die Sache nicht relativieren und fiel in ein tiefes Loch. Ihre Arbeit bedeutete ihr alles, für Freunde hatte sie nie Zeit gehabt.

Ihr Talent, eine Aufgabe perfekt auszuführen, hatte sich nun gegen sie gewandt. Es war schlichtweg nicht möglich, alles zu beherrschen und zu kontrollieren und dabei auch noch superkreativ zu sein. Für sie galt immer, dass sie innerhalb der von ihr selbst gezogenen Grenzen zu bleiben hatte, was bedeutete, dass sie sich weniger flexibel zeigte und nicht mit den Veränderungen der Zeit, des Geschmacks und der Bild- und Tontechnik mitgegangen war.

Alice hatte zu sehr auf Nummer sicher gesetzt, Risiken vermieden und war im Wiederholen des Bewährten steckengeblieben. Sie klammerte sich an dem fest, was sie sehr gut konnte.

Anerkennung in der TV-Branche war ihr das Wichtigste. Sie wollte für ihre Arbeit, mit der sie tief in ihrem Herzen nie ganz zufrieden war, anerkannt werden. Die Außenwelt – ihre Kollegen und Freunde – mussten ihre Unzufriedenheit mit sich selbst kompensieren. Doch ihre Freunde und Kollegen wünschten sich, dass sie endlich einmal ein bisschen entspannt und kreativ sein würde. Alice veränderte nach ihrem Weggang radikal ihren Kurs. »Ich wollte immer alles richtig machen. Jetzt will ich das machen, was sich gut anfühlt.« Sie fing an, Filme für eine Non-Profit-Organisation zu drehen.

Geht's eine Spur schneller?

Mees ist Jurist, er arbeitet als Koordinator der Beschwerdekommission in einem psychiatrischen Krankenhaus. Wenn es wenig Arbeit gibt, gießt er die Pflanzen, kocht Kaffee, archiviert seine Unterlagen oder liest in Berichten und der aktuellen Rechtssprechung nach. Ihm bleibt dann immer noch Zeit übrig, was ihn richtiggehend mürrisch werden lässt. Er ist der Meinung, dass ihm sein Vorgesetzter interessantere Projekte, die ihn mehr fordern, dazugeben müsste. Dieser ist aber nicht geneigt, Mees andere Arbeiten als die, die in seiner Stellenbeschreibung stehen, zu übertragen. Mees solle froh sein, dass er von seiner Arbeit nicht überfordert sei.

Manchmal kommt Mees todmüde von zu wenig Arbeit nach Hause. Eine Freundin gibt ihm den Tipp, dass er die freie Zeit bei seiner Arbeit nutzen könnte, um eine interessante Zusatzqualifikation zu erwerben. Er entscheidet sich für die Ausbildung zum Mediator. Da er die großzügig bemessene Arbeitszeit für die Ausbildung nutzt und seinen nunmehr aufgewerteten Lebenslauf gezielt einsetzt, gelingt es ihm, eine andere Stelle zu finden. Im Bewerbungsgespräch nach seinen Schwächen befragt, nennt Mees seinen Perfektionismus und dass er hohe Anforderungen an sich selbst stelle. Für Mees besteht die Lösung darin, am Arbeitsplatz mehr Eigeninitiative bezüglich seiner Entfaltungsmöglichkeiten zu zeigen. So kann er mehr Befriedigung aus seiner Arbeit ziehen.

Perfektionist ist nicht gleich Perfektionist. Mees scheint ein typischer *Leistungsperfektionist* zu sein. Er stellt hohe Anforderungen an seine Leistung. Daraus bezieht er sein

Selbstwertgefühl. Ein Risiko für den Leistungsperfektionis-ten liegt darin, dass er viel länger als andere für eine Aufgabe braucht und deshalb weniger produktiv ist. Es geht ihm rela-tiv wenig von der Hand, denn er ist nie ganz zufrieden. Für Künstler und andere in kreativen Berufen Tätige kann sich das katastrophal auswirken, denn wann ist eine Arbeit wirk-lich fertig? Wann ist die Arbeit gut genug, um sie zu zeigen? Wenn ein Leistungsperfektionist einen Fehler macht, denkt er sofort, dass er gar nichts kann, nie etwas konnte und auch nie etwas können wird.

Sich für sich selbst entscheiden

Soziale Perfektionisten wollen all ihren Verpflichtungen an-deren Menschen gegenüber nachkommen. Sie machen Über-stunden, um einen kranken Kollegen zu ersetzen, sind immer verfügbar für die Kinder, fürsorglich zum Ehepartner und ge-ben den idealen Schwiegersohn beziehungsweise die ideale Schwiegertochter ab. Eine soziale Perfektionistin ist freund-lich zu allen Leuten, aber vor allem aus Angst, sonst nicht ak-zeptiert zu werden. Dem Streben nach Anerkennung steht oft die eigene Persönlichkeit im Weg. Die soziale Perfektionistin möchte gern einem Idealbild entsprechen, an dem sie ihrer Meinung nach gemessen wird. Sie strebt nicht nach Ruhm, Reichtum und Schönheit, sondern möchte in erster Linie die Liebe, die Anerkennung und die Wertschätzung ihrer Umge-bung gewinnen. Viele Mütter und »Frauen an der Seite von« geraten in diese Falle und sind noch dazu mit dem Risiko kon-frontiert, von Eifersucht auf andere fast vollkommene Mütter und »Frauen von«, die mit ihnen wetteifern, geplagt zu werden.

Loslassen lernen

Bei den *Kontrollperfektionisten* geht es darum, die Außen-welt zu beherrschen, denn sonst könnte ja alles Mögliche schiefgehen. Dieser Perfektionismus-Typ legt endlos lange Listen, Tabellen und Übersichten an, will alles vorhersehen und verschiebt dadurch die wirkliche Arbeit.

Die Freundinnen Petra und Robin zogen gemeinsam in eine andere Wohnung um. Petra wollte nichts dem Zufall überlassen und bereitete den Umzug akribisch vor. Schon morgens, gleich nach dem Aufstehen, erklärte sie Robin, was alles noch zu geschehen habe. Täglich druckte sie die im PC notierten Aufgaben für Robin aus. Ihre Beziehung kam unter Druck; Robin fasste den Entschluss, einmal alles stehen und liegen zu lassen, fuhr mit dem Fahrrad ans Meer und rief von dort gegen Abend an, dass sie in einem der Strandrestaurants zu Abend essen würde. Ob Petra vielleicht Lust habe, dazuzukommen. Zunächst sagte Petra, dass es ihr völlig unmöglich sei, zu kommen, es gäbe viel zu viel zu tun. Später rief sie dann zurück und meinte, dass das eine gute Idee sei und dass sie sich schon auf den Weg gemacht habe. Petra ließ die zwanghafte Umzugsvorbereitung vorübergehend los, und das rettete ihre Freundschaft zu Robin, die ihr beim Essen sagte, wie froh sie über Petras spontanen Entschluss war.

Konstruktiver Perfektionismus

Ein bisschen Perfektionismus schadet nicht, wenn man im Leben seine Ziele erreichen möchte. Hüten Sie sich aber vor den hartnäckigen Reaktionsmustern, die auch zum Perfektionismus gehören können. Bedenken Sie, dass Sie Ihr Gehirn praktisch auf eine einseitige Art des Denkens über Sie selbst, Ihre Vergangenheit, Ihre Zukunft programmiert haben. Machen Sie sich bewusst, dass es immer auch eine andere Perspektive gibt, die Sie genauso gut zulassen können. Läuft bei Ihnen alles bestens, aber es klappt einfach nicht mit dem Wunschkind? Betrachten Sie andere Menschen, die etwas älter sind als Sie und die ungewollt kinderlos geblieben sind. Wie richten diese ihr Leben ein? Suchen Sie therapeutische Hilfe, wenn Sie das Gefühl haben, mit dem empfundenen Mangel nicht allein zurechtzukommen.

Denken Sie daran, dass jedes Leben auch anders gelebt werden kann. So viele Hindernisse Sie jetzt auch sehen mögen, das Ruder kann immer auch herumgerissen werden. Sie müssen sich nicht von Grund auf verändern: Sie treffen lediglich andere Entscheidungen in ihrem Leben. Andere Menschen werden Sie sicher nicht geringer schätzen, wenn Sie Ihrem eigenen Leben eine andere Richtung geben. Für alle Perfektionismus-Typen gilt: Denken Sie an Ihr Gleichgewicht, entspannen Sie sich und tun Sie Dinge, die Ihnen Freude bereiten.

Dem Perfektionismus Grenzen setzen: eine Checkliste

Neigen Sie zum Perfektionismus? Dann gehen Sie regelmäßig die folgende Checkliste durch:

- Üben Sie sich in Selbsterkenntnis mit Ihren guten und weniger guten Seiten.
- Setzen Sie sich machbare Ziele.
- Richten Sie Ihre Erwartungen auf das, was Sie auch tatsächlich beeinflussen können.
- Prüfen Sie, ob Sie Ihre akribische Genauigkeit und Ihr Auge fürs Detail zielgerichtet und sinnvoll einsetzen.
- Akzeptieren Sie Ihre Fehler und lernen Sie daraus.
- Achten Sie auf eine gesunde Work-Life-Balance.
- Fragen Sie sich: Sind Sie glücklich? Haben Sie Freude an dem, was Sie machen?
- Achten Sie besonders darauf, dass Sie mit Ihrem Streben nach Perfektionismus weder Ihren Kollegen noch andere Menschen quälen.
- Weichen Sie einmal ab von den vorgegebenen Wegen: Seien Sie innovativ und kreativ.

Fragebogen Perfektionismus[8]

(Kreuzen Sie an, was auf Sie zutrifft)

	eher richtig	weniger richtig
Ich erwarte von mir, in allem der/die Beste zu sein		
Ich gerate mit meiner Arbeit in Rückstand, weil ich länger brauche als andere.		
Weil ich Zweifel habe, brauche ich lange, bevor ich Entscheidungen treffe.		
Ich muss immer tipptopp gepflegt aussehen.		
Die Qualität meiner Leistung ist wichtiger als das Ziel.		
Wenn ich einen Fehler mache, respektieren andere mich nicht mehr.		
Wenn ich nicht alles perfekt mache, empfinde ich mich als wertlos.		
Ich möchte von allen positiv wahrgenommen werden, auch wenn mir klar ist, dass das unmöglich ist.		
Ich habe Angst, Fehler zu machen.		
Ich übe ständig Kritik an mir selbst und werte mich ab.		
Delegieren fällt mir schwer, ich fühle mich immer für alles verantwortlich.		
Eigentlich bin ich nie zufrieden.		
Ich kann nichts normal machen, bin immer fanatisch.		
Der Druck kommt nicht von außen, ich selbst setze mich dauernd unter Druck.		

8 Bereits erschienen in der Zeitschrift »Midi«.

	eher richtig	weniger richtig
Ich erwarte immer mehr von mir.		
Ich bin stolz darauf, dass ich Dinge hinkriege, die andere für unmöglich halten.		
Es kostet mich immer mehr Mühe, alle zufriedenzustellen.		
Ich kann mich nur dann entspannen, wenn ich mir viel abverlangt habe.		
Ich fühle mich oft überlastet und selten wohl in meiner Haut.		
Eine nagende innere Stimme sagt, es ist nie gut genug.		
Sogar wenn ich weiß, ich müsste loslassen und entspannen, gelingt es mir nicht.		
Ich zweifle an allem, was ich tue.		

Für jedes Kreuz in der Spalte »eher richtig« zählen Sie einen Punkt. Die Summe der Punkte ergibt Ihr Ergebnis:

weniger als 8 Punkte	Perfektionismus ist bei Ihnen kein Problem, sondern eine Ressource.
zwischen 8 und 16 Punkten	Lassen Sie ein wenig locker: Mit einer etwas weniger perfektionistischen Einstellung werden Sie glücklicher.
16 Punkte und mehr	Ihr Perfektionismus geht in die falsche Richtung, ins Zwanghafte. Überprüfen Sie sich einen Monat lang jeden Tag anhand der Checkliste »Dem Perfektionismus Grenzen setzen«

Teil 4
Effektiver Arbeiten

7. Talent für die Arbeit

Viel Stress erzeugen wir selbst im Allgemeinen dadurch, dass wir über Aspekte in unserem Leben nachgrübeln, auf die wir keinerlei Einfluss haben. Dem kann man aber vorbeugen, indem man sich nicht mit den Umständen beschäftigt, in denen man arbeiten muss, sondern sich auf die Ergebnisse konzentriert, die man erreichen möchte. Seien Sie kreativ beim Formulieren Ihrer Erwartungen, und konzentrieren Sie sich auf Ihre persönlichen Stärken. Erledigen Sie bei der Umsetzung Ihrer Erwartungen das Wichtige, nicht ausschließlich das, was im Moment dringend ist. Denken Sie auch strategisch und auf lange Sicht, und untersuchen Sie, wie Sie – oder wie lange Sie noch – Ihre persönlichen Talente mit den Erwartungen des Arbeitgebers in Übereinstimmung bringen können.

»Der Arbeitsdruck ist zu hoch« – Richard (40)

Richard erholt sich langsam von einem Burnout-Syndrom. Er hat das Problem kommen sehen, aber seine Loyalität zum Arbeitgeber war zu groß. Da er sich nicht rechtzeitig für seine Gesundheit entschieden hatte, geriet er in ernsthafte Schwierigkeiten. Rückblickend analysiert er die Geschehnisse folgendermaßen:

Meine Situation
Vor drei Jahren habe ich hier als Chef »Technischer Dienst und Einkauf« angefangen. Der Betrieb existiert seit fast dreißig Jahren und beschäftigt ungefähr zweihundert Mitarbeiter. Wir sind auf die Pflege von großen, teils öffentlichen Grünflächen spezialisiert. Wir kaufen Mäher und Traktoren für die Bearbeitung und Pflege von Grünanlagen, Erholungsgebieten, Friedhöfen und auch für große private Gärten. Bei den vielen unterschiedlichen Projekten besteht die Herausforderung unter anderem darin, immer die geeigneten Geräte für die erforderlichen Arbeiten anzuschaffen. Der Schlüssel zum

Erfolg ist, dass wir versuchen, Maschinen und Menschen optimal einzusetzen. Ab dem Tag, an dem ich mit meiner Arbeit anfing, wurde das Personal in meiner Abteilung gekürzt. Zuerst gab es dreieinhalb Planstellen, heute ist es nur noch eine.

Ein konkretes Beispiel
Als es mit dem Personalabbau anfing, habe ich meinem Firmenchef sofort gesagt, dass dadurch ein viel zu hoher Arbeitsdruck entstehen würde, was auch zur Konsequenz haben dürfte, dass ich meine Abteilung nicht mehr auf angemessene Weise würde führen können. Er antwortete mir: »Sobald Sie merken, dass Sie oder Ihr Mitarbeiter es nicht mehr schaffen, schlagen Sie sofort Alarm.« Das habe ich dann wöchentlich gemacht, bis ich nicht mehr konnte.

Die Folgen
Zu dieser Zeit gab es auch in meinem Privatleben Schwierigkeiten. Mein Vater starb, meiner Frau wurde alles zu viel, sie wollte sich scheiden lassen. Ich habe dem Betriebsarzt von diesen Problemen berichtet. Er hat meinem Arbeitgeber nahegelegt, den Arbeitsdruck zu senken. Als ich mich nach vier Wochen Abwesenheit wieder an meinem Arbeitsplatz zurückmeldete, um die Arbeit allmählich wieder aufzunehmen, erklärte mir mein Arbeitgeber, meine Probleme hätten mit meiner Privatsituation zu tun und dass er mir nicht helfen könne. Ich bekam denselben Berg an Arbeit aufgebürdet, es kamen sogar noch weitere Aufgaben dazu.

Wie gehabt meldete ich die Überlastung wöchentlich, manchmal sogar täglich dem Chef der Personalabteilung. Es wurde ein Standardritual und auch die Antwort blieb immer dieselbe: »Jeder hat hier sehr viel zu tun, aber wenn Sie das Gefühl haben, dass Sie untergehen, dann schlagen Sie bitte sofort Alarm.«

Was habe ich verändert?
Letztlich habe ich beschlossen zu gehen. Ich habe mich hier und da ein wenig umgehört und hatte schnell zwei Angebote

auf dem Tisch, aus denen ich eines auswählen konnte. Dann sagte ich dem Firmenchef, es sei besser, wir würden getrennte Wege gehen. Zu dem Zeitpunkt ging es mir dann endlich etwas besser.

Kann ich ein Beispiel für das gewünschte Verhalten nennen?
Nein, im Gegenteil. Ich kann mich immer noch nicht hundertprozentig konzentrieren, leide unter einem Verlust des Kurzzeitgedächtnisses und trage mich regelmäßig mit Selbstmordgedanken. Ich habe meine Arbeitsstelle verloren und bekomme meinen eigenen Sohn derzeit nur noch sporadisch zu sehen, da meine Exfrau ihn für sich beansprucht. Kurz und gut, mein Leben ist ein Trümmerhaufen. Das hätte verhindert werden können, wenn man noch einen Mitarbeiter in der Abteilung angestellt hätte, um den Arbeitsdruck zu senken.

Wie effektiv bin ich bei der Arbeit?
Positiv war, dass ich zum Ausdruck gebracht habe, dass der Arbeitsdruck in der Abteilung zu hoch ist, dass wir mit zu wenig Personal zu viel Arbeit machen mussten. Mein Arbeitgeber hat allerdings nicht darauf reagiert, und das hat mich sehr geärgert. Aber ich konnte mit meiner Wut nirgends hin, denn was auch immer ich sagte, es bewirkte nichts. Dadurch habe ich mich sehr ohnmächtig und hilflos gefühlt, sodass ich nicht mehr effektiv arbeiten konnte. Ich habe im wahrsten Sinn des Wortes die Kontrolle verloren.

Ich entscheide mich für...
Ich bin froh mit meiner Entscheidung, die Firma zu verlassen. Soeben habe ich einen Vertrag bei einem neuen Arbeitgeber unterschrieben. Er ist über die ganze Sache informiert und wird Rücksicht darauf nehmen, dass ich meine Arbeit vielleicht noch nicht hundertprozentig verrichten kann. Es geht wieder aufwärts und das fühlt sich gut an. Was ich selbst aus alledem gelernt habe, ist, dass ich mich zu sehr von Emotionen, von Ärger, Wut und Ohnmacht, habe leiten lassen,

wodurch es mir nicht mehr möglich war, die Probleme aktiv anzugehen. Das passiert mir nicht noch einmal.

Wie hoch ist Ihr Arbeitsdruck? Ein Selbsttest

Der empfundene Arbeitsdruck ist ein subjektives Erleben. Wie an Richards Beispiel gut zu erkennen ist, identifiziert man sich mit dem, was bei der Arbeit querliegt. Jeder Mensch hat seine eigene charakteristische Art und Weise, wie er mit Rückschlägen und Kummer umgeht. Tragen Sie in der folgenden Tabelle »Arbeitsdruck« ein, was Sie an Ihrem Arbeitsplatz Energie kostet. Führen Sie die Tabelle eine Woche lang und halten Sie auch fest, wie Sie mit der jeweiligen Situation umgegangen sind. Vergeben Sie eine Zahl zwischen 0 und 10, die ausdrückt, wie zufrieden Sie damit – kurzfristig – sind. Null heißt: gar nicht zufrieden, und 10 bedeutet absolut zufrieden. Überlegen Sie auch, wie zufrieden Sie auf lange Sicht sein werden, und drücken Sie das ebenfalls auf einer Skala von 0 bis 10 aus.

Beachten Sie auch, welche Auswirkung der Arbeitsdruck auf Ihr Privatleben hat: Sind Sie beispielsweise des Öfteren zu Hause wegen der Arbeit schlecht gelaunt?

Tabelle: Arbeitsdruck

Spannungs- reiches Ereignis, Gefühl, Gedanke	Wie gehe ich damit um?	Effektivität auf kurze Sicht 0 bis 10	Effektivität auf lange Sicht 0 bis 10

Nach einer Woche können Sie erkennen, was Ihre Art der Problemlösung ist. Global betrachtet gibt es sieben verschiedene Arten, Probleme zu handhaben. Die meisten Menschen setzen alle Methoden ein, haben aber eine bevorzugte Strategie.

Problemlösungsstrategien
1. Aktiv an die Sache herangehen: Sie lösen das Problem.
2. Abmildern: Kaffee trinken gehen, ein Bad nehmen, etwas essen oder trinken.
3. Vermeiden: die schwierigen Akten im Stapel anstehender Arbeit ganz zuunterst legen.
4. Soziale Unterstützung in Anspruch nehmen: Sie fragen Ihren Kollegen um Rat.
5. Passiv: nichts unternehmen.
6. Emotion ausdrücken: zum Beispiel wütend oder ängstlich werden.
7. Beruhigung durch den Gedanken: Alles wird gut.

Keine der Strategien ist für sich genommen immer richtig. Jede Strategie kennt positive und negative Seiten. Die Situation bestimmt, ob eine spezifische Reaktion effektiv ist oder nicht.

Positiver Effekt	Strategie	Negativer Effekt
Das Problem lösen	aktiv	gegen Windmühlen kämpfen
Entspannung	abmildernd	Betäubung
Abstand nehmen	vermeidend	Ja sagen, Nein machen
Verbündete suchen	soziale Unterstützung	Jammern, sich beschweren
Nachdenken	passiv	Grübeln
Dampf ablassen	Emotion ausdrücken	reizbare Ausstrahlung
Optimismus	Beruhigung	Vogel-Strauß-Politik

Experimentieren Sie einmal mit einer anderen als ihrer üblichen Strategie. Manchmal kann es hilfreich sein, seine Wut auszudrücken, um überhaupt zum Gegenüber durchzudringen. Möglicherweise erkennt der andere erst dann, dass Sie es mit Ihrer Klage ernst meinen und dass er etwas unternehmen muss. Richard konnte aber nichts damit erreichen, dass er wütend wurde. Er hätte seinem Chef vielleicht die Pistole auf die Brust setzen müssen, indem er gut für sich selbst gesorgt und beispielsweise regelmäßig frei genommen hätte. Schließlich hat er ja die Missstände mehrere Male angemahnt, sodass faktisch die Firmenleitung in der Verantwortung stand, falls die Sache aus dem Ruder laufen sollte.

Der tägliche Wahnsinn

Als Mitglied im Führungsteam einer kulturellen Organisation ist Claudette (36) den ganzen Tag lang eifrig im Einsatz, hat aber am Ende eines jeden Arbeitstages das Gefühl, nicht das getan zu haben, was sie eigentlich hätte tun sollen. Sie möchte künftig jeden Monat Verarbeitungs- und Besinnungstage einplanen, damit sie sich nicht immer wieder von der allgemeinen Hektik erfassen und mitreißen lässt. Es kostet sie aber Mühe, die eingeplanten Tage dann auch wirklich dafür zu verwenden und sie nicht mit alltäglichem Kram zu füllen. Erst kürzlich hat sie wieder einen solchen Tag für eine Tagung der Organisation geopfert und hat nun die Nase gestrichen voll.

Claudette nimmt sich vor, jeden Morgen eine Prioritätenliste der zu erledigenden Arbeiten zu schreiben. Sie strebt eine realistische Planung an, damit sie am Ende eines Tages zufrieden sein kann, wenn sie die Liste abgearbeitet hat. Beim Schreiben der Liste strebt sie auch ein Gleichgewicht zwischen energieraubenden (= nervenden Tätigkeiten, die man gerne vor sich herschiebt) und energiespendenden Arbeiten an (die schönen Arbeiten, die wie eine Belohnung wirken). Am meisten Mühe bereitet es ihr, den ganzen Tag über die Prioritäten im Auge zu haben und sich von nichts und niemandem, der vorbeikommt und ihre Aufmerksamkeit und Energie beanspruchen möchte, ablenken zu lassen.

Wie regulieren Sie Ihre Energie?

Sie können Ihre Arbeit effektiv gestalten, wenn Sie sich nicht ausschließlich auf die Arbeit fokussieren, sondern auf Ihre eigene Energie. Es ist sehr klug von Claudette, bei der Abwägung ihrer Prioritätenliste die Unterscheidung zwischen Energieräubern und Energiespendern zu treffen. Sie möchte einen guten Job machen, sich aber gleichzeitig nicht von der Arbeit auslaugen lassen. Wer am Ende des Tages das Gefühl hat, seine Energie gut eingesetzt zu haben, der hat die Arbeit getan, die er/sie tun konnte. Tipps für Ihre Energie-Investition:

Vergeuden Sie keine Energie an negative Emotionen
Tägliche Frustrationen bei der Arbeit und häufiges Anhören von allerlei Jammergeschichten sind gewaltige Energieräuber. Man kann sich dagegen wehren, indem man Herr der eigenen Stimmung wird. Nehmen Sie sich fünf Minuten vor Arbeitsbeginn Zeit und konzentrieren Sie sich auf ihre Atmung. Atmen Sie über den Bauch ein (dabei bis drei zählen) und ruhig wieder aus (dabei bis sechs zählen). Visualisieren Sie sich selbst in Topform: Sie haben die Kontrolle, sind kompetent und aufgeweckt. Verbinden Sie dieses Bild mit etwas, das jeden Tag in der Arbeit in Ihrer Nähe ist, zum Beispiel Ihrem Terminplaner. Geben Sie sich selbst den Auftrag, jedes Mal, wenn Sie den Terminplaner ansehen, zu dem angenehmen Gefühl der Kompetenz hinzuspüren. Machen Sie diese Übung zur Routinesache, so, wie Sie in den Spiegel schauen, um zu prüfen, ob Ihre Frisur in Ordnung ist.

Planen Sie jeden Tag eine freie Stunde ein
Gehen Sie davon aus, dass Ihr Arbeitstag keine acht, sondern sieben Stunden hat, und verteilen Sie Ihre Arbeiten auf diese sieben Stunden. Dann bleibt immer noch eine Stunde über für

Dinge, die sich zwischendurch ergeben oder für die sie sonst keine Zeit finden. Oder, noch besser: Sie haben dann eine Stunde frei.

Vergessen Sie die Zeit, tun Sie, was wichtig ist
Denken Sie möglichst nicht darüber nach, wie viel Zeit es Sie kostet, die Dinge zu tun, die Sie tun müssen. Das Problem des Zeitdrucks liegt in mangelnder Voraussicht und Planung, was dazu führt, dass Sie viel Zeit verlieren, weil es irgendwo brennt. Das bedeutet, dass Sie dann Dinge tun, die wirklich dringend sind, aber nicht die Dinge, die am wichtigsten sind. Drehen Sie es um. Entwickeln Sie einen Blick auf Ihre Arbeit, der dem Wichtigsten Vorrang gibt und sich auf das Dringende dann konzentriert, wenn es wirklich nicht anders geht.

Berufswahlstress

Während ihre Studienfreunde sich bereits auf dem Karriereweg befinden, wird Astrid (25) von Zweifeln geplagt. Im vergangenen Jahr hat sie ihr Studium der Sozialpsychologie mit cum laude abgeschlossen, aber sie hat nicht die geringste Idee, in welche Richtung sie beruflich gehen möchte. Sie arbeitet regelmäßig für Zeitarbeitsfirmen, aber die vielen Jobs vergrößern die Qual der Wahl noch. Sehr gut gefallen hat ihr die Arbeit als PR-Mitarbeiterin bei einem Theater und einer Werbeagentur. Bei einem Bewerbungsgespräch für eine Stelle als Management-Trainee bei einer großen Firma wurde ihr gesagt, dass sie zwar geeignet erscheine, der Personalchef aber Zweifel habe, ob diese Art von Arbeit wirklich eine Herzensangelegenheit für sie sei. Denn, so sagte er, man muss schon so einiges vertragen können und wirklich an die Sache glauben. Sonst wird man zum BO-Kandidaten. Astrid war sehr bestürzt über die euphemistische Abkürzung. Sie war gerade einmal 25 Jahre alt, soeben mit dem Studium fertig und er bezeichnete sie als Burnout-Kandidatin! Der Personalchef schlug ihr dennoch vor, einen Kompetenz-Test zu machen, bevor sie beruflich in Richtung Trainee gehen würde. Sie wies diesen Vorschlag zurück – und bekam dafür ordentlich Schelte von ihren Freundinnen, die nicht verstehen konnten, warum sie sich diese Chance zur Selbsterkenntnis hatte entgehen lassen.

Der Nutzen eines Karriere-Coachings

Es hat Astrid hart getroffen, aber der Personalchef hatte in gewisser Hinsicht recht. Sich bei der Arbeit wohlzufühlen hängt damit zusammen, ob man die Fähigkeiten besitzt, um den Ansprüchen einer Organisation zu genügen. Ein Karriere-Coaching kann interessante Einsichten liefern in Bezug auf die eigenen Talente und Kompetenzen und deren Übertragung auf eine Arbeitssituation. Über eine Karriere-Beratung kann man herausfinden, welche Talente man besitzt. Bei der Arbeit werden die vorhandenen Talente – die persönlichen Fähigkeiten, das eigene Wissen und die eigene Einstellung – in Kompetenzen für die jeweiligen Aufgaben übersetzt.

Ein Karriere-Coaching kann in verschiedenen Phasen des Lebens sinnvoll sein. Zum Beispiel am Ende der weiterführenden Schule, um bei der Auswahl des Studienfachs weiterzuhelfen, oder während des Studiums, um herauszufinden, welchen Job man im Anschluss an das Studium anstreben kann und möchte, oder im Laufe der Berufstätigkeit, wenn man umsatteln möchte oder muss. Eine Karriere-Beratung zeigt einem mögliche Alternativen, auf die man selbst vielleicht nicht gekommen wäre.

Wo liegen Ihre Talente?

Im Umgang mit Menschen	Denkstil	Gefühl und Emotion
fürsorglich	global	energisch
unabhängig	mit Gefühl für Details	ungebunden
leitend	analytisch	konkurrierend
überzeugend	genau	ehrgeizig
enthusiastisch	durchsetzungs-stark	tatkräftig
einfühlsam	flexibel	getrieben
engagiert	getrieben	herausfordernd
charmant	planerisch	begeistert
verbindend	organisiert	sensibel
herzlich	erneuernd	entspannt
altruistisch	objektiv	entscheidungsfähig
sozial	visionär	bestimmt
taktisch	initiativ	gelassen
selbstbewusst	lernfreudig	ergebnisorientiert
harmonisch	konzeptuell denkend	loyal
zielorientiert	anwendungs-orientiert	integer
freundlich	proaktiv	wehrhaft
kommunikativ	geschäftlich	stressresistent
fähig	rasch Chancen erkennend unternehmerisch kritisch verantwortungs-bewusst	

Talente und Kompetenzen

Jeder Arbeitgeber will kompetente Mitarbeiter haben. Bei einer Stellenausschreibung werden die erforderlichen Kompetenzen umschrieben, beispielsweise mit Begriffen wie Flexibilität, mündliche und schriftliche Ausdrucksfähigkeit, die Fähigkeit, Wichtiges von Unwichtigem unterscheiden zu können, die Fähigkeit, visionär oder unternehmerisch zu denken, Stressresistenz. Talente und Kompetenzen können sich überschneiden. Der Unterschied besteht darin, dass mit Talent das beschrieben wird, was jemand sehr gut kann, wohingegen mit Kompetenz dasjenige ausgedrückt wird, was das Unternehmen benötigt. Die Firma will sehen, dass jemand etwas gut kann und somit seine Talente genutzt hat. Als Voraussetzung für eine bestimmte Funktion wird beispielsweise die Kompetenz verlangt, gut im Netzwerken zu sein. Verschiedene Talente tragen dazu bei: Man muss sozial eingestellt, engagiert und kommunikationsstark sein.

Vor einem Bewerbungsgespräch können Sie die folgenden Punkte durchgehen, um Ihre Talente überzeugend mit den geforderten Kompetenzen zu verbinden:

- Beschreiben Sie eine Situation, in der Sie Ihr Talent gut gebrauchen konnten.
- Welche Aufgabe(n) hatten Sie in der Situation zu bewältigen?
- Was war Ihr Beitrag genau, was haben Sie gemacht?
- Wie war das Ergebnis?

Die unentschlossene Astrid entdeckt beim Bearbeiten der Talent-Liste, dass sie kreativ und sensibel ist. Sie hat gerne mit anderen Menschen zu tun und besitzt gute kommunikative Eigenschaften. Deshalb konnte sie auch so mühelos Interviews für ihre Diplomarbeit führen. Und die Arbeit auch mühelos schreiben. Sie beschließt, sich in Richtung Journalismus zu entwickeln, und fängt damit an, dass sie ihre Diplomarbeit zu einem Artikel umarbeitet.

Wie steht es um Ihre Work-Balance? Ein Selbsttest

Lesen Sie die folgenden Aussagen und denken Sie dabei an Ihre eigene Arbeitssituation im letzten halben Jahr. Geben Sie an, inwieweit Sie den Aussagen zustimmen.

1 = gar nicht einverstanden
2 = mehr oder weniger nicht einverstanden
3 = mehr oder weniger einverstanden
4 = völlig einverstanden

	1	2	3	4
1. Ich kann mir bei der Arbeit die Zeit selbst einteilen.		✓		
2. Die Zusammenarbeit mit den Kollegen ist angenehm und entspannt.			✓	
3. Andere empfinden mich eine/n angenehme/n Kollegin/Kollegen.			✓	
4. In Sitzungen traue ich mich, meine Meinung offen zu sagen.				✓
5. Veränderungen werden auf gute Art und Weise kommuniziert.		✓		
6. Ich fühle mich in die Pläne und Entwicklungen eingebunden.			✓	
7. Wir Kollegen helfen uns gegenseitig.				✓
8. Ich kann die Vorgaben bei meiner Arbeit mühelos umsetzen.	✓	✓		
9. Mein Vorgesetzter weiß, was ich mache, er unterstützt mich.			✓	
10. Ich kann anhand eigener Einsichten entscheiden und handeln.			✓	
11. Ich mache nicht gegen meine Willen Überstunden.			✓	
12. Bei meiner Arbeit habe ich das Gefühl, dass ich dazugehöre.			✓	

	1	2	3	4
13. Ich bekomme durch meine Arbeit Energie, manchmal sogar einen Kick.	✓			
14. Es gibt ausreichend Möglichkeiten, mich weiterzuentwickeln.	✓			
15. Ich kann meine Arbeit zu Hause loslassen, fühle mich nicht gestresst.			✓	
16. Die Müdigkeit nach der Arbeit geht innerhalb von zwei Stunden wieder weg.	✓			
17. Ich habe das Gefühl, dass meine Position innerhalb der Organisation sicher ist.				✓
18. In stehe in der Arbeit in meiner Kraft.		✓		
19. Privatleben und Arbeit sind gut aufeinander abgestimmt.	✓			
20. Eine Bewerbung bei meinem Arbeitgeber kann ich von Herzen empfehlen.	✓			
21. Wenn ich irgendein Problem habe, ist immer jemand für mich da.	✓			
22. Körperliche Beschwerden bekomme ich von meiner Arbeit nicht.	✓			
23. Ich erlebe meine Arbeit als sinnvoll und inspirierend.	✓			
24. Aus dem Urlaub komme ich erholt zurück.			✓	
25. Ich mache mir keine Gedanken darüber, den Arbeitsplatz wechseln zu müssen.		✓		

25–50 Punkte

Es ist Zeit für ein Gespräch mit Ihrem Vorgesetzten, damit Sie nicht auf der Stelle treten. Machen Sie deutlich, was Sie von Ihrem Arbeitgeber und von Ihrem Vorgesetzten brauchen, um besser funktionieren zu können. Besprechen Sie sich eventuell mit einem Karriere-Coach oder Laufbahn-Berater.

50–75 Punkte

Können Sie in der Arbeit mehr aus sich machen? Können Sie selbst oder kann das Unternehmen oder der direkte Vorgesetzte etwas tun, um die Abwärtsspirale zu durchbrechen? Welche Herausforderung reizt Sie? Denken Sie eventuell an ein Sabbatical und nutzen Sie diese Zeit, sich auf den weiteren Verlauf Ihrer Karriere zu besinnen.

75–100 Punkte

Sie gehören zur Gruppe der leidenschaftlichen Mitarbeiter: Ihre persönlichen Ziele sind mit der Firma abgestimmt, Sie erhalten positives Feedback und bleiben bei Ihrem Arbeitgeber, solange dieser ausreichend Herausforderungen zu bieten hat.

Teil 5
Ein ausgeglichenes Sozialleben

8. Die Kommunikation mit dem Chef

Wer Anerkennung bekommt für das, was er tut, und sich den Anforderungen, die am Arbeitsplatz an ihn gestellt werden, gewachsen fühlt, der ist sozial ausgeglichen. Ein Problem entsteht dann, wenn Sie in Ihrer Arbeit dysfunktionale Muster aus Ihrer Jugend wiederholen, also etwa Ihre eigenen Interessen zurückstellen oder zu wenig realistisch und selbstsicher sind. Das Gleichgewicht zwischen Einsatz und Belohnung, zwischen Leistungsfähigkeit und Leistungsanforderung, zwischen Erwartung und Wirklichkeit ist dann gestört.

Manchmal ist ein solches gestörtes Gleichgewicht auf die Persönlichkeit des Betroffenen zurückzuführen: Er ist ein Workaholic. Das heißt, sein Risiko, nach einer Burnout-Behandlung wieder in die alten Verhaltensmuster zu verfallen, ist groß. Für Workaholics ist es wesentlich, dass sie eine Balance zwischen Beruf und Privatleben herstellen und mehr für ihr Leben außerhalb der Arbeit tun.

Bis die Bombe platzt...

Bernice arbeitet seit Jahren im Einkauf einer Modefirma. Als ihr Vorgesetzter krank wurde, rückten alle Mitarbeiter eine Stufe nach und Bernice wurde stellvertretende Vorgesetzte. Es machte ihr Spaß, zusammen mit ihrem Kollegen die Abteilung zu führen, die unter ihrer Leitung florierte. Nach einem Jahr kam der Vorgesetzte zurück und wollte die ursprüngliche Situation wiederherstellen. Bernice hatte allerdings keine Lust, in ihre vorherige Funktion zurückzukehren. Kurz vor ihrem Urlaub erklärte ihr Vorgesetzter: »Bernice, es ist nicht genug Platz für uns beide da. Du musst gehen.« Bernice fühlte sich ausgesprochen schlecht behandelt. Sie bekam nicht nur keinerlei Anerkennung für die geleistete Arbeit während der krankheitsbedingten Abwesenheit des Vorgesetzten, jetzt drohte ihr auch noch die Kündigung. Als sie aus dem Urlaub zurückkam, war die Lage entspannter als befürchtet. Man bot ihr an, persönliche Assistentin ihres Vorgesetzten zu werden, eine Aufgabe, die ihr inhaltlich sehr gut gefiel. Nach einiger Zeit fühlte Bernice sich aber doch in einer Sackgasse, weil – wie sie meinte – ihre inhaltlichen Beiträge in Sitzungen nicht ausreichend gewürdigt wurden. Ein Kollege mit einem befristeten Arbeitsvertrag, zu dem sie ein problematisches Verhältnis hatte, ließ sie in einem entscheidenden Augenblick aus Angst, dass sein Vertrag nicht verlängert würde, im Stich. Plötzlich fühlte Bernice wieder die alte Wut hochsteigen. Sie dachte an die vielen Male, als sie in dieser Firma bei möglichen Beförderungen übergangen worden war zugunsten von weniger gut ausgebildeten jungen Männern. Sie brach in Tränen aus. Ihr Vorgesetzter bekam nun alles gleichzeitig vor die Füße geworfen: die Unzufriedenheit mit ihrer Position in der Firma, die Demütigung kurz vor ihrem Urlaub und andere offene Rechnungen aus der Vergangenheit. Er konnte mit ihren Klagen nichts anfangen und rief in Panik in der Personalabteilung an, wo man auf ein Mitarbeitergespräch drängte. Bernice explodierte beinahe ein zweites Mal. Nicht sie musste sich ändern, sondern ihr Chef oder zumindest die Personalpolitik.

Nach einer kurzen Auszeit erkannte Bernice, dass sie sich viel zu lange zurückgehalten und loyal mitgearbeitet hatte. Ihr ausgeprägtes Verantwortungsgefühl hat sie in die Sackgasse geführt. Schon als Kind hatte sie nach der Scheidung ihrer Eltern die Verantwortung für den Haushalt übernommen. Mit ihrem schweigsamen Vater war sie gut zurechtgekommen, aber Aufmerksamkeit oder Anerkennung hatte sie von ihm nicht bekommen. Diese Situation erlebte sie an ihrem Arbeitsplatz unter anderen Vorzeichen wieder. Ohne Konflikte und mit ausgeprägtem Verantwortungsbewusstsein tat sie viele Jahre lang ihre Arbeit. Ihren Einsatz beschreibt sie selbst als »unsichtbar«, sodass sie auch hier, bei der Arbeit, wenig Anerkennung bekommt.

Die Balance von Geben und Nehmen

Bei Bernice kann keine Rede sein von einer Balance zwischen dem Einsatz, den sie liefert, und der Entlohnung, die sie erhält. Das »Effort-Reward-Imbalance«-Modell (Van Veghel 2005), das sich mit der Wechselwirkung zwischen Anstrengung und Belohnung beschäftigt, zeigt, dass die Balance negativ ist. Alles, was Bernice in vielen Jahren an Unzufriedenheit und Erfahrung von Unrecht angehäuft hat, kommt mit einem Mal an die Oberfläche.

Umgekehrt gilt: Wenn die eigene Arbeit entscheidende Energieressourcen liefert, wiegt das die geleistete Anstrengung auf. Solche Ressourcen sind: soziale Unterstützung bei der Arbeit, Autonomiegefühl, Raum für eigene Regeln, Anerkennung und Feedback und die Abstimmung persönlicher Ziele mit den Zielen der Organisation. Auffallend an Bernices Fall ist, dass das Gleichgewicht zwischen Anstrengung und Belohnung schon in ihrer Kindheit gestört war. Die mangelnde Anerkennung seitens des Vaters hat ihr weh getan, es war eine schmerzhafte Erfahrung. Die Enttäuschungen, die sie in ihrer beruflichen Laufbahn erlebt, bekommen jedes Mal die Ladung ihrer früheren Enttäuschungen im Umgang mit dem Vater dazugepackt. Bernice ist aber auch sehr flexibel: Sie wehrt den Schmerz ab, indem sie bei jeder drohenden Enttäuschung erneut die Hoffnung hegt, dass es dieses Mal doch gut ausgehen wird.

Aus dem Blickwinkel des Vorgesetzten

Der Vorgesetzte von Bernice spürte, dass er selbst stark unter Druck stand. In dem Jahr, in dem er wegen eines Burnout nicht arbeitete, hat Bernice einen Teil seiner Aufgaben in hervorragender Weise wahrgenommen. Als er zurückkam, befürchtete er, seine Arbeit zu verlieren. Er sah keine andere Möglichkeit, als sich selbst unnachgiebig gegenüber Bernice zu positionieren und ihr zu sagen, es gebe keinen Platz für sie. Er meinte damit keine Stelle auf seinem Niveau, aber Bernice hat daraus abgeleitet, dass ihr die Kündigung drohte. Laut ihrem Vorgesetzten war das keineswegs so gemeint, nur sollte sie sich mit einem anderen Platz im Unternehmen zufriedengeben. Der Vorgesetzte glaubt, dass Bernice auch in ihrer jetzigen Stelle immer noch Angst vor einer Kündigung hat.

Bernice macht weiter

Aus dem Mitarbeitergespräch wurde ein Vermittlungsgespräch, in dem alle Perspektiven auf den Tisch kamen. Bernice war ihr Wutausbruch sehr unangenehm: Hatte sie die Sache nicht zu sehr aufgebauscht? Ihr Vorgesetzter entschuldigte sich wegen seiner harten Haltung nach seiner Rückkehr. Er hatte ihr nicht mit der Kündigung drohen wollen. Die Frage, warum Bernice immer übergangen worden war, parierte er mit einer Gegenfrage: Warum hat sie nicht schon viel früher und deutlicher zu erkennen gegeben, dass sie sich verbessern wollte? Bernice war der Meinung, dass er sie fragen müsse, was los sei. Er hingegen war der Ansicht, dass sie selbst darlegen müsse, wenn sie mit etwas nicht einverstanden war. Zum Schluss einigten sie sich darauf, dass sie sich künftig mindestens einmal im Monat eine Stunde lang zusammensetzen und besprechen werden, wie die Dinge sich entwickeln.

Bernice nimmt sich vor, sich stärker für ihre Interessen einzusetzen, in Ich-Botschaften deutlich zu machen, was sie stört, und ihren Gesprächspartner klar aufzufordern, dieses oder jenes zu ändern. Heimlich nimmt sie sich auch vor, sich auf dem Arbeitsmarkt umzusehen. In dem nicht sehr zeitgemäßen Konzern, in dem sie jetzt tätig ist, geht es mit der Emanzipation zu langsam voran. Sie muss an ihre eigene Zukunft denken!

Die Anforderungen sind zu hoch

Das »Demand-Control«-Modell (Van Veghel 2005) ist hilfreich, wenn man sich Arbeitsstress genauer ansieht. Es geht von einem Ungleichgewicht zwischen Anforderungen und Leistungsfähigkeit aus. Wenn die Arbeit zu viel Energie beansprucht, ist der Arbeitnehmer am nächsten Tag, wenn er wieder in die Arbeit geht, noch gar nicht richtig erholt. Er erlebt dann, dass er den Anforderungen, die die Arbeit an ihn stellt, nicht mehr entsprechen kann. In der Folge verliert er das Gefühl, die Sache im Griff zu haben, er fühlt sich ohnmächtig.

Zur Not zurückstufen lassen

Leontien hat eine anspruchsvolle, leitende Tätigkeit im Bildungswesen. Vor eineinhalb Jahren erkrankte sie an Krebs. Sie musste mehrere Chemotherapien über sich ergehen lassen und ist momentan wieder gesund, fühlt sich aber durch die Chemotherapie noch immer außerordentlich müde. Faktisch zu müde, um ihre Arbeit wieder aufzunehmen. Ihr Vorgesetzter ist ein echter Workaholic. Leontien befürchtet, dass er nur wenig Verständnis für ihre Situation aufbringen wird. Andererseits möchte sie in der jetzigen Situation ihre eigenen Interessen nicht zurückstellen und nicht wie bisher dreimal so hart arbeiten wie andere – einmal davon abgesehen, dass sie dazu gar nicht mehr in der Lage ist. Sie will auf ihren Körper hören und nur so viel arbeiten, wie es ihr Gesundheitszustand erlaubt. Sollte es erforderlich sein, will sie sich zurückstufen lassen, um den an sie gestellten Anforderungen in vollem Umfang gerecht werden zu können.

Bei Leontien spielt das »Demand-Control«-Modell gleich in zweifacher Hinsicht eine Rolle. Durch die Krankheit ist ihre Leistungsfähigkeit stark eingeschränkt, sodass sie den Anforderungen, die am Arbeitsplatz an sie gestellt werden, nicht gewachsen ist. Das ist sicherlich ein Problem, wenn man sich von den Vorgesetzten nicht unterstützt weiß. Hinzu kommt, dass Leontien sich selbst unter Druck setzt: Sie verlangt sich ab, mehr zu leisten als andere. Sie vergrößert selbst das Anforderungsprofil ihrer Arbeit und untergräbt ihre eigene Leistungsfähigkeit, indem sie diese geringer einschätzt, als sie ist.

Leontien sollte das Gespräch mit ihrem Vorgesetzten suchen. Nach der überwundenen Krebserkrankung ist sie zunächst nur eingeschränkt einsetzbar. Die Vertretung, die während ihrer Erkrankung eingestellt wurde, sollte vorläufig noch an zwei Tagen in der Woche einspringen. Der zweite Schritt sollte darin bestehen, ihr Selbstbild zu verbessern. Um das zu erreichen, kann Leontien die folgende Übung machen:

Das Selbstwertgefühl aufbauen

Denken Sie an drei Menschen, die Sie bewundern. Welche ihrer Eigenschaften bewundern Sie? Überlegen Sie bei sich: Wie bin ich selbst, was zeichnet mich aus, wenn ich in Topform bin? Welches Bild zeigen Sie dann von sich? Haben Sie in Ihrer Bestform Eigenschaften der Menschen, die Sie bewundern?

Stellen Sie sich nun vor, Sie machen einen Spaziergang und neben Ihnen geht einer der von Ihnen bewunderten Menschen. Sie unterhalten sich, Sie fühlen sich wohl. Sie genießen die guten Eigenschaften dieses Menschen, der Sie begleitet. Auch Sie selbst fühlen sich ausgezeichnet. Langsam verschmelzen Sie und der andere Mensch nun zu einem Bild, Ihr neues Selbstbild. Nehmen Sie dieses neue Selbstbild tief in sich auf.

Betrachten Sie Ihr altes Selbst am Arbeitsplatz. Sie sehen, wie Sie in Stress geraten, weil ein Angebot unbedingt fertigwerden muss, obwohl Sie schon sehr erschöpft sind und längst nach Hause hätten gehen sollen. In der Tür Ihres Büros erscheint Ihr neues Selbstbild. Tröstend legt das neue Selbstbild eine Hand auf die Schulter des alten Bildes. Beide Bilder verschmelzen miteinander. Das neue Selbstbild hat das Angebot in der Hand und geht damit zu einem Kollegen: »Kannst du mir mal kurz helfen?«

Es liegt am Chef ...

Es ist nicht von der Hand zu weisen: Viele Arbeitnehmer haben unter Chefs zu leiden, die ihre Aufgabe nicht richtig wahrnehmen. Das Peter-Prinzip ist immer noch weit verbreitet: Arbeitnehmer werden solange befördert, bis sie an einer Stelle angekommen sind, an der sie letztlich überfordert sind.

Sie tragen dann – beispielsweise – die Verantwortung für den Umsatz und lenken den Druck, den sie selbst empfinden, auf ihre Untergebenen um. Dennoch darf man sich erst dann über die Defizite eines Chefs beklagen, wenn man hundertprozentig sicher ist, dass man in der Kommunikation der eigenen Unzufriedenheit, der persönlichen Wünsche, Ideen und Lösungsvorschläge klar und deutlich gewesen ist.

Warum reagiert eine Chefin/ein Chef nicht auf solche Signale?

1. Die Führungskraft erkennt das Problem nicht, ist der Meinung, dass Sie einfach nur herummäkeln. Das kann mit der Art und Weise, wie Sie Ihre Beschwerden präsentieren, zu tun haben. Wenn Sie dabei eher theatralisch auftreten, denkt der Chef, Sie übertreiben, nur um gehört zu werden. Tragen Sie Ihr Anliegen zu bescheiden und ruhig vor, dann denkt er, dass es so schlimm wohl nicht sein kann.

2. Der Vorgesetzte wertet die Klagen über den Arbeitsdruck als Beweis für die Unfähigkeit des entsprechenden Mitarbeiters. Wenn dieser nur etwas professioneller arbeiten und sich klarer auf die Ergebnisse ausrichten würde, so würde sich das Problem von alleine lösen.

3. Der Manager richtet seine Aufmerksamkeit auf das Netzwerken und die Akquise. Er hat keinen Blick für die Arbeit seiner Mitarbeiter und deshalb auch keine Ahnung, wie er Probleme dort lösen könnte. Er fühlt sich ziemlich ohnmächtig.

4. Ein anderes mögliches Szenario: Der Vorgesetzte hat schon mehrfach versucht, den Arbeitsdruck dadurch zu mindern, dass er angeregt hat, einer schlechten Sekretärin zu kündigen. Das hat nichts gebracht. Die Mitarbeiter betrachten die Kündigung der Sekretärin als unberechtigt und voreilig. Der Vorgesetzte findet, dass sie dann auch ihre Probleme selbst lösen sollten.

5. Der Chef sieht keine Möglichkeit, Einfluss auf Ihren Arbeitsdruck auszuüben, da das Unternehmen als Ganzes auf

dem Spiel steht. Die Gesundheit einzelner Mitarbeiter hat vorübergehend geringere Priorität als die Interessen des Unternehmers. Er verlangt sich selbst viel ab und ist der Meinung, dass gerade in einer Notsituation die Mitarbeiter auch einen Schritt zulegen müssen. Er beschwert sich doch auch nicht!

»Warum greift der Manager nicht ein?« – Rebecca (34)

Was soll man als Mitarbeiterin tun, wenn der eigene Chef die vorgebrachten Beschwerden negiert? Rebecca läuft Gefahr, sich daran aufzureiben – sie füllt das Analyseschema aus, um für sich die Palette der Möglichkeiten auszuloten:

Meine Situation
Ich arbeite im Managementteam einer großen Organisation. Früher wurden wir als Dachorganisation von den Branchenverbänden finanziert. Inzwischen müssen wir zunehmend selbst Einnahmen erzielen. Wir haben uns darauf ausgerichtet, unser Fachwissen auf Kongressen und Kursen gegen Bezahlung einzubringen. Im Zuge einer Reorganisation wurden diverse Posten im Management wegrationalisiert. Mit weniger Menschen machen wir jetzt viel mehr Arbeit, da die Akquise als neue Aufgabe hinzugekommen ist.

Ein konkretes Beispiel
Ab und zu sitze ich zusammen mit dem Direktor unserer Organisation im Zug, wenn wir zu einem Gespräch mit einem Auftraggeber unterwegs sind. Ich mache deutlich, dass ich viel zu viel zu tun habe, dass ich an manchem Freitag kaum die Augen offenhalten kann. Er sieht den Ernst der Lage nicht und sagt mir, dass ich das Problem selbst in den Griff bekommen muss. Zwei Manager sind bereits wegen Krankheit ausgefallen – wie ist es zu erklären, dass nicht zu ihm durchdringt, dass etwas geschehen muss?

Die Folgen

Vor Kurzem hatte ich zwei Wochen Urlaub. Ich war hundemüde und immer noch nicht wirklich erholt, als ich wieder
anfangen musste zu arbeiten. Während einer Sitzung bekam
ich einen schrecklichen Weinkrampf.

Was möchte ich anders machen?

Unserem Direktor noch deutlicher aufzeigen, warum es so
nicht weitergehen kann.

Kann ich das an einem Beispiel verdeutlichen?

Bisher ist es mir nicht gelungen, ihn zu überzeugen. Vielleicht wäre es besser, ich würde mich krankschreiben lassen,
denn ich habe von anderen gehört, dass er dann wunderbar
zuhört und sich um Lösungen bemüht.

Ich entscheide mich für...

Vielleicht habe ich mehr Erfolg, wenn ich mich stärker in ihn
hineinversetze. Das nächste Mal, wenn ich mit ihm über
meine Arbeitsüberlastung spreche, werde ich ihn fragen, was
er in dieser Angelegenheit tun möchte. Dann werde ich die
Beweggründe zusammenfassen, die dafür sorgen, dass er
nicht auf meine Signale hört. Vielleicht fühlt er sich dann verstanden und wir stehen uns weniger als Kontrahenten gegenüber. Möglicherweise können wir uns ja darüber einigen,
dass das Thema Arbeitsdruck zu einem Tagesordnungspunkt
im Team gemacht wird. Wer weiß, vielleicht hat ja jemand einen sinnvollen Verbesserungsvorschlag.

Workaholics tragen ein höheres Risiko

Unter Arbeitssucht ist der zwanghafte Drang zu verstehen,
ständig weiterzuarbeiten, ohne Grenzen zu setzen. Dies kann
durch einen starken inneren Antrieb oder durch äußere Umstände ausgelöst werden. Zu Letzterem zählen: finanzielle
Schwierigkeiten, die Organisationskultur innerhalb eines Be-
triebes, der Wunsch, Karriere zu machen, oder eine schlechte

Ehe (Taris et al. 2005). Frauen können arbeitssüchtig werden, wenn sie sich nach dem Verlust eines Kindes, einer Fehlgeburt oder bei unerfülltem Kinderwunsch in die Arbeit stürzen, anstatt ihr Verlusterlebnis zu verarbeiten.

Für einen Workaholic liegt das Risiko, nach der Genesung von einem Burnout wieder in das alte Schema zurückzufallen, bei 50 Prozent. Das generelle Risiko, einen Burnout zu erleiden, ist höher, denn ein Workaholic empfindet bei der Arbeit mehr Stress. Arbeitssucht ist ein erheblicher Risikofaktor für alle Arten von Störungen im Zusammenhang mit der Arbeit, also auch für RSI-Beschwerden (zum Beispiel Mausarm).

Bei Workaholics stimmt die Work-Life-Balance nicht. Sie investieren mehr Zeit in die Arbeit als in Entspannung, Begegnungen mit Freunden und Kollegen oder Hobbys. Workaholics sind extrem ergebnisorientiert. Etwas einfach so, nur zum Spaß zu unternehmen, bedeutet für sie die reinste Zeitverschwendung. Urlaube werden oft hinausgeschoben oder unterbrochen, um nur ja wieder an die Arbeit gehen zu können. Häufig wird der Laptop von der Arbeit mit nach Hause genommen, und die Abendstunden und Wochenenden werden mit Arbeit ausgefüllt.

Aus einer niederländischen Studie mit mehreren hundert Teilnehmern geht hervor, dass die Arbeitssucht wirklich keinerlei positive Seiten hat (Taris et al. 2005). Direkt oder indirekt (durch ein zu hohes Anforderungsprofil) führt die Arbeitssucht nämlich zu Erschöpfung (die eine Komponente des Burnout-Syndroms ist) und zu Konflikten bei der Trennung von Arbeit und Privatleben.

Die Behandlung von Arbeitssüchtigen ist darauf ausgelegt, sie mit Dingen in Kontakt zu bringen, die sie genießen können. Übungen wie die Aufstellung der persönlichen Top-Ten-Werte (siehe Kapitel 10) liefern Anregungen, um Aktivitäten, die Spaß machen (außer der Arbeit), auf die Spur zu kommen. Wie bei anderen Abhängigkeiten treten auch bei Arbeitssucht Entzugssymptome auf, etwa wenn ein Workaholic seinen Blackberry und die übrigen technischen Hilfsmittel nicht mehr verwenden darf, die ihn wie eine Nabelschnur mit der Arbeit verbinden. Entzug bedeutet für Workaholics, mehr in Freunde, die Familie, Gesundheit und Spaß zu investieren.

9. Der Einfluss des Partners

Ein gestörtes Gleichgewicht am Arbeitsplatz führt fast immer auch zu einer Störung der Balance im Privatleben. Partner machen manchmal genau das Gegenteil von dem, was sie tun müssten, um die Balance wieder herzustellen. Jammern und die eigenen Interessen zurückstellen ist selten zielführend. Verändern Sie Ihr herkömmliches Reaktionsschema, um wieder zu einer gesunden Beziehung zurückzufinden. Mithilfe eines von dem US-Psychologen Timothy Leary inspirierten Modells lässt sich das Verhalten zwischen Partnern gut analysieren. Möglichkeiten zur Konfliktlösung werden in diesem Kapitel in Bezug auf Paarbeziehungen betrachtet; sie können aber genauso gut auf Arbeitsbeziehungen angewandt werden.

»Mein Mann fühlt sich nicht wohl in seiner Haut« – Bea (35)

Bea ist der Verzweiflung nahe. Von einem Tag auf den anderen distanziert sich ihr Mann von ihr, es findet auch keine Kommunikation mehr statt. Bea reagiert zunächst stark emotional. Mithilfe der Coachingfragen-Analyse gelangt sie aber dann zu einer anderen Verhaltensstrategie. Folgen Sie ihren Schritten:

Meine Situation
Vor einigen Monaten habe ich bemerkt, dass sich mein Mann (35) in seiner Haut nicht wohlfühlt. Angesichts der Tatsache, dass er allgemein nicht viel redet, habe ich es nach ein paar Mal Nachfragen so stehen gelassen, weil er irritiert reagiert hat. Nach dem Abendessen spielten wir bisher immer mit unserem Sohn, dann gingen wir gemeinsam duschen. Wir haben zusammen ferngesehen, uns unterhalten und eine Tasse Tee getrunken. Seit ein paar Wochen geht mein Mann nach dem Essen immer allein duschen, legt sich dann auf die Couch schlafen und redet nicht mehr.

Eskalation

Es kam so weit, dass ich provozierende Dinge gesagt habe, nur um eine Reaktion von ihm zu bekommen: »Ich glaube, es ist besser, wenn ich allein Urlaub mache. Hast du eine andere? Ich habe keine Lust, auf diese Art alt zu werden, wir sind noch zu jung für ein solches Leben.« Immer wieder habe ich gefragt, was denn los sei, denn für mich war der Zustand nicht länger haltbar. Schließlich platzte bei ihm die Bombe und er sagte, er würde mich weniger lieben als bisher. Wir könnten es schon noch probieren, aber er wolle mehr Freiheit und er wolle sich nicht kontrolliert fühlen. Ich solle nicht ständig herummeckern, sein Kopf sei eh schon übervoll.

Ich glaubte ihm nicht, dass er mich nicht mehr liebte. Ich glaube, diese Gefühle sind da, weil er sich insgesamt nicht wohlfühlt. Ich schlug ihm vor, professionelle Hilfe in Anspruch zu nehmen, aber das wollte er auf keinen Fall. Meine Sichtweise sei falsch. Innerhalb einer Woche war er ausgezogen. Er kümmert sich kaum noch um die Kinder, obwohl das älteste bisher sein Augapfel war.

Das alles passt nicht zu ihm, er war immer sehr besorgt und verantwortungsvoll, was die Familie angeht. Jetzt sagt er, dass es schon seit Jahren nicht mehr gut war zwischen uns. Aber kauft man dann ein Haus, heiratet und bekommt ein weiteres Kind? Statt in Urlaub zu fahren, haben wir ein Boot angeschafft, ein neues Auto und ein Blockhaus für den Garten (das muss noch geliefert werden). Solche Investitionen macht man doch nicht, wenn man nicht glücklich miteinander ist?

Ich persönlich glaube, dass er überarbeitet ist, er kämpft bestimmt schon seit fünf Jahren mit Problemen an seinem Arbeitsplatz. Hinzu kommt, dass er körperlich nicht besonders stark ist: Er leidet nämlich an einer chronischen Krankheit. Das hat er nie richtig akzeptieren können und wollte sich immer in der Arbeit beweisen. Seit einiger Zeit hat er Probleme mit dem Magen und es ist ihm oft schwindlig.

Wie kann ich ihn jetzt, wo er mich links liegen lässt und nicht mit mir reden will, zur Einsicht bringen? Ich habe

Angst, dass er durch seine starrköpfige Haltung alles kaputt macht und dass er das erst kapiert, wenn es zu spät ist, denn ich kann nicht ewig warten. Ich möchte ihn in allem unterstützen, aber er muss das auch wollen, sonst geht es nicht.

Die Folgen

Ich fühle mich ohnmächtig und verzweifelt, weil ich keinerlei Einfluss auf ihn habe. Aus diesem Gefühl heraus sage ich dann dumme Dinge wie: Eine andere Frau ist im Spiel. Ich weiß, dass ich das nicht tun sollte, kann mich aber nicht zurückhalten.

Was kann ich anders machen?

Vielleicht sollte ich das, womit ich immer drohe, wirklich tun: mit den Kindern allein in Urlaub fahren. Es macht keinerlei Sinn, dass ich mich zu Hause von den Sorgen um ihn zerfressen lasse.

Kann ich das an einem Beispiel verdeutlichen?

So etwas zu tun wäre für mich wie das Eingeständnis einer Niederlage, als würde ich ihn wirklich aufgeben.

Sorge ich gut für mich selbst?

In den letzten beiden Jahren ist das Leben für uns beide immer stressiger geworden (neues Haus, Hochzeit, noch ein Kind). Wir haben einiges in materielle Werte investiert, aber wenig in uns selbst. Es war auch nicht gut, nicht in Urlaub zu fahren und das Geld stattdessen für das Blockhaus auszugeben. Wir hätten beide Erholung nötig gehabt. Was ich jetzt noch tun kann, ist, das Büßergewand anziehen, mich dafür entschuldigen, dass ich den Konflikt auf die Spitze getrieben habe, und ihn fragen, was er braucht, um zurückkommen zu können. Was ich inzwischen einsehe, was aber seinerzeit so schwer zu erkennen war, ist, dass sein Zustand vor allem mit Erschöpfung zu tun hat. Das Verhalten, das er an den Tag gelegt hat, sollte mir nicht vermitteln, dass ich ihm nichts mehr bedeute, er hat sich so verhalten, weil er völlig ausgelaugt war. Da ich alles auf mich bezogen habe, konnte ich ihm nicht zur Seite stehen.

Ich entscheide mich für ...
Das Stoppen der Eskalation. Ich werde nicht mit den Kindern wegfahren, weil er das als Feindseligkeit und Zurückweisung interpretieren würde. Da er jetzt nicht mehr mit mir reden möchte, werde ich einen gemeinsamen Freund einschalten, dem ich die Situation erklären und den ich um Vermittlung bitten werde. Wenn es gelingt, mit meinem Mann ins Gespräch zu kommen, werde ich ihm meine Liebe und Besorgtheit zeigen und ihn fragen, wie ich ihm helfen kann, damit es ihm wieder besser geht. Wenn er für eine Zeit allein sein und seine Ruhe haben möchte, wäre das kein Problem. Dann würde ich ihm sagen, was ich meinerseits mit einer solchen Zeit anfangen würde. Vielleicht ist es möglich, zu besprechen, wie wir nach der Auszeit den Kontakt wieder herstellen können, beispielsweise durch Spaziergänge mit den Kindern oder indem wir uns zum Essen treffen. Es wird eine schwierige Zeit werden, ich werde über meinen Hausarzt Unterstützung suchen. Sonst gibt es am Ende zwei, die ausgebrannt sind.

Verhandlungstipps für Falken und Tauben
In einem Konflikt nehmen wir lieber die Position des Falken als die der Taube an, sagen Daniel Kahneman (Nobelpreisträger für Wirtschaftswissenschaften) und Jonathan Renshon. Über Krieg und Frieden wird, so schreiben die beiden in einem Zeitungsartikel, nie rational entschieden (NRC, 3. Februar 2007). Ihre Erkenntnisse sind auch für Bea und ihren Mann hilfreich.

Kahneman und Renshon haben die These, dass Menschen in Konfliktsituationen sich selbst zu positiv bewerten und ihre Widersacher als zu feindselig und ausschließlich von schlechten Absichten getrieben. Menschen pflegen die Illusion der Kontrolle: Sie überschätzen ihren eigenen Einfluss auf das Ergebnis eines Konflikts. Außerdem hören sie gern auf die streitlustigen Ratschläge eines anderen Falken, der das Ergebnis des Kampfes in den schönsten Farben ausmalt. Die Tauben unter den Beratern geben weniger spektakuläre Ratschläge und sehen vor allem Anknüpfungspunkte für einen Dialog. Der Falke überzeichnet die schlechten Absichten des Gegenübers und hat kein Auge dafür, dass dessen Verhalten ja möglicherweise auch ein Reaktion auf sein eigenes Verhalten sein könnte.

Kahneman und Renshon ziehen als Beispiel den Koreakrieg von 1950 heran. Während die Koalitionstruppen in Korea kämpften, debattierten die Politiker in Washington, wie weit sie vorstoßen wollten und wie die Reaktion Chinas aussehen könnte. Der damalige Außenminister Dean Acheson war davon überzeugt, dass den Chinesen klar sein würde, dass die Streitkräfte der Vereinten Nationen keine feindlichen Absichten gegen China im Schilde führten. Die Amerikaner wussten ja schließlich, dass sie selbst keinerlei feindliche Absichten hegten. Sie gingen davon aus, dass die Chinesen es ebenso sehen würden. Die nachfolgende chinesische Intervention war den Amerikanern unverständlich. Sie konnten nicht nachvollziehen, dass sie eine Reaktion auf die Drohung darstellte, die die Chinesen in den aufrückenden amerikanischen Truppen sahen. Sie interpretierten die chinesische Intervention wiederum als feindlichen Akt gegen die Vereinigten Staaten.

In der Psychologie spricht man dann von fundamentalen Attributionsfehlern, die, nebenbei bemerkt, sehr hartnäckig sind. Was man daraus lernen kann, ist, dass man in Konfliktsituationen sein Urteil über den Widersacher zurückstellen und den eigenen Einfluss auf das Verhalten des anderen stärker im Blick haben sollte. Damit sieht man seine eigene Rolle klar vor Augen – und somit auch die Rolle des anderen. Verändern Sie nun Ihre eigene Haltung, dann besteht eine große Wahrscheinlichkeit, dass der andere sich ebenfalls verändert und ein anderes Verhalten zeigt.

Verschiedene Positionen in Konflikten

Das im Folgenden vorgestellte Modell schafft Einsicht in das Zusammenspiel der gegnerischen Parteien in einem Konflikt. Lesen Sie, was in den vier Quadranten in der von Learys Modell inspirierten Darstellung steht. Lesen Sie auch die Er-

	Konkurrieren	Führen	
	Grenzen setzen	Die Initiative ergreifen	
	Chef sein, eingreifen	Verantwortung übernehmen	
	Gockel oder Clown spielen	Dominieren	

Angreifen
Eigene Interessen erkämpfen
Konfrontieren
(Sich) streiten

Helfen
Unterstützen
Ermutigen
Übernehmen

Die Aufgabe muss erledigt sein.	Ich möchte respektiert werden.
Ich muss deutlich sein.	Beziehung ist wichtig.
Jeder muss etwas tun.	Ich möchte, dass eine gute Stimmung herrscht.
Die anderen müssen auf mich hören.	Ich muss meine Ideen einbringen können.

Ich muss die Aufgabe gut erledigen.	Ich kümmere mich um die Beziehungen.
Ich habe Sorge um die Qualität.	Ich möchte nett gefunden werden.
Hoffentlich kann ich das.	Ich trage zur guten allgemeinen Stimmung bei.
Ich bin gehorsam.	Ich lobe die Ideen anderer Menschen.

Aufsässig sein
Eigene Interessen verteidigen
Gesundes Misstrauen zeigen
Misstrauen

Kooperieren
Raum geben
Bestätigen
Apathisch sein

	Sich zurückziehen	Folgen	
	Kein Interesse zeigen	Anpassen	
	Nicht eingreifen	Hoffen	
	Opferrolle einnehmen	Unterwürfig sein, abwarten	

aufgabenorientiert | beziehungsorientiert

Die verschiedenen Positionen in Konflikten (Modell nach Leary)

klärungen zu den verschiedenen Rollen in der weiter unten abgedruckten Tabelle. Leary ging davon aus, dass derjenige, der eine übergeordnete Position einnimmt, sein Gegenüber gewissermaßen einlädt, die untergeordnete Position einzunehmen. Der Position »Führen« ist als ergänzendes komplementäres Verhalten die Rolle »Folgen« zugeordnet. Wenn man die Person in der Position »Führen« bekämpfen möchte, wählt man die Rolle »Konkurrieren«. Oder, für den Fall, dass man mehr Ohnmacht als Macht empfindet, die Rolle »Angreifen«. Im Folgenden finden Sie die Erklärung zu jeder Rolle in der Unterteilung nach Selbstwahrnehmung, Fremdwahrnehmung und Wahrnehmung der Beziehung. Auf die Begriffe »Falke« und »Taube« übertragen hieße das: Der Falke besetzt die Position »Konkurrieren« und die Taube die Position »Helfen«.

Bea nimmt ihrem Mann gegenüber zunächst die Position »Konkurrieren« ein. Ihr Mann erlebt sich selbst als Opfer und befindet sich in der Position »Sich zurückziehen«. Als Bea sich zur Rolle »Helfen« hinbewegt, fordert sie damit auch ihren Mann auf, die Position »Helfen« einzunehmen.

1. Der Bereich »Führen«

So sehe ich mich selbst:	Ich bin stärker, besser als du, ich überblicke die Dinge.
So sehe ich den anderen:	Du bist schwach und hilfebedürftig.
So sehe ich die Beziehung:	Du musst auf mich hören.

2. Der Bereich »Konkurrieren«

So sehe ich mich selbst:	Ich bin besser als alle anderen, ich vertraue nur auf mich selbst.
So sehe ich den anderen:	Du bist feindselig und schwach.
So sehe ich die Beziehung:	Betrachte mich und fühle dich minderwertig.

3. Der Bereich »Angreifen«

So sehe ich mich selbst: Ich bin zornig, bedrohlich.
So sehe ich den anderen: Du bist feindselig und ohnmächtig.
So sehe ich die Beziehung: Du sollst Angst vor mir haben.

4. Der Bereich »Aufsässig sein«

So sehe ich mich selbst: Ich bin anders als andere, ich brauche niemanden.
So sehe ich den anderen: Du bist unzuverlässig, du magst mich nicht.
So sehe ich die Beziehung: Mache mich nur nieder, hasse mich doch.

5. Der Bereich »Sich zurückziehen«

So sehe ich mich selbst: Ich mache alles falsch, es ist meine eigene Schuld.
So sehe ich den anderen: Du bist bedrohlich.
So sehe ich die Beziehung: Kümmere dich nicht um mich.

6. Der Bereich »Folgen«

So sehe ich mich selbst: Ich bin schwach und nachgiebig, ich brauche Hilfe.
So sehe ich den anderen: Du bist stärker als ich.
So sehe ich die Beziehung: Du musst mir helfen und mich führen.

7. Der Bereich »Kooperieren«

So sehe ich mich selbst: Ich bin freundlich, nett und fügsam.
So sehe ich den anderen: Du bist ebenfalls freundlich und nett.
So sehe ich die Beziehung: Sag einfach, was du möchtest, ich bin zu allem bereit.

8. Der Bereich »Helfen«

So sehe ich mich selbst: Ich bin ausgeglichen, zuverläs-
sig und sympathisch.
So sehe ich den anderen: Du bist ebenfalls ausgeglichen
und sympathisch.
So sehe ich die Beziehung: Wir mögen uns gern.

Verliebt, aber ausgebrannt

Esther ist nach eigenem Empfinden in eine bizarre Situation
geraten. Sie ist in einen Kollegen verliebt, der vor einiger Zeit
ein Burnout-Syndrom bekam. Esther ist mit ihm in Kontakt
geblieben und hat ihn auch einmal zum Essen eingeladen.
Der nette Kollege nahm gerne an, es wurde ein schöner
Abend, denn auch er fand sie offensichtlich schon länger als
Person sehr nett. Als sie aber mit ihm auf dem Sofa saß und
sie miteinander schmusten, bekam er zu ihrem Entsetzen eine
Panikattacke. Esther weiß nicht, was sie davon halten soll.
Wenn sie ihm nur eine E-Mail schickt, versetzt das ihren
Freund in großen Stress. Sie fragt sich, ob das bei einem
Burnout normal ist. Sie wagt es nicht mehr, mit ihm Kontakt
aufzunehmen, weil er dann eine Angstattacke bekommen
könnte. Er hat sie gebeten, ihm ein paar Monate Zeit zu geben. Wenn man verliebt ist, dauern mehrere Monate sehr
lang; der Vorschlag macht Esther unsicher und verleiht ihr
ein Gefühl der Ohnmacht. Sie ist sauer auf ihren Freund.

Esther wendet das Selbstanalyse-Schema an und formuliert, was sie gerne hätte. Sie möchte in aller Ruhe und Zufriedenheit das Gefühl der Verliebtheit genießen. Und sie
möchte vor allem nicht denken, dass sie ihrem Freund womöglich nicht genügen könnte. So hat sie früher oft gedacht,
möchte sich aber nicht mehr von solchen negativen Gedanken leiten lassen. Sie kann nicht verstehen, warum ihr Freund
solche Angst bekommt, wenn sie zärtlich miteinander sind.
Vielleicht weiß er es selbst auch nicht, denkt sie. Vielleicht ist
er ja homosexuell oder ein Opfer von sexuellem Missbrauch.
Oder vielleicht hat er in der Vergangenheit dominante Freun-

dinnen gehabt. Ihr wird bewusst, dass es viele mögliche Gründe für seine Verhalten gibt, die alle nichts mit ihr zu tun haben.

Wendet man hier das von Leary inspirierte Modell an, so befindet sich Esthers Freund in der Rolle »Sich zurückziehen«. Aus dieser Rolle heraus empfindet er Esthers Verhalten wahrscheinlich als »Angreifen«. Damit beide gemeinsam etwas erreichen können, wird er die Position »Sich zurückziehen« aufgeben und stattdessen beispielsweise die Position »Folgen« einnehmen müssen. Nur dann kann er Esthers Verhalten als hilfreich erleben (»Helfen«).

Esther beschließt, ein halbes Jahr zu warten. Schließlich hat sie ebenso lange schon abgewartet, bis sie den Mut hatte, ihren Freund zum Essen einzuladen. Offensichtlich benötigt er Zeit für sich selbst und traut sich nicht, seine Unsicherheit und seine Ängste mit ihr zu teilen. Das könnte sie sich durchaus vorstellen, sie kennen sich ja noch kaum. Wenn nach einem Jahr auf seiner Seite nichts passiert, nimmt sie sich vor, ihn loszulassen.

Die Rolle des Retters funktioniert nicht

Vor allem Frauen geben an, dass sie ein Problem damit haben, wenn ihr Partner oder eine Freundin ausgebrannt sind. Umgekehrt bittet in meiner Praxis nur selten ein Mann um Hilfe, weil seine Partnerin an einem Burnout leidet. Die Männer erkundigen sich zwar nach guten Therapeuten für die Freundin oder Ehefrau, aber sie selbst leiden fast nie unter der Situation. Warum ist das so? Die traditionelle Rollenverteilung wirkt hier immer noch nach: Männer sind stark, Frauen sind schwach. Wenn ein Mann umkippt, empfindet er sich als Versager und zieht sich am liebsten zurück. Er glaubt, er sei nicht gut genug für seine Partnerin, und verweigert den Kontakt. Bekannt ist, dass Frauen schneller um Hilfe bitten als Männer. Frauen beziehen die Probleme eines Mannes auch viel schneller auf sich, als Männer das umgekehrt tun. Eine Frau fühlt sich verantwortlich für das Glück ihres

Gegenübers, es fällt ihr schwer, eine Grenze zwischen ihrem Erleben und dem Erleben des Partners zu ziehen. Es ist aber immer von Vorteil, einen Unterschied zwischen sich selbst und dem Partner zu machen. Wenn Ihr Freund an einem Burnout leidet, ist das in erster Linie sein Problem und es geht vor allem darum, was *er* damit macht. Wer die Retterrolle auf sich nimmt, wird dafür immer abgestraft. Ihr Freund oder Partner wird sich gegen die Opferrolle, die Sie damit für ihn vorgesehen haben, zur Wehr setzen. Sie können ihn nicht retten. Versuchen Sie es doch, wird er entweder verärgert sein, weil Sie ihn nicht retten, oder aber, weil Sie das die ganze Zeit versuchen. Sie werden von ihm negative Botschaften erhalten à la »Ich kriege Angst vor dir«, »Lass mich in Ruhe«, »Komm mir bloß nicht zu nah«, und Sie fühlen sich als das Opfer seiner Wut, mit der Sie an sich gar nichts zu tun haben.

Wenn das, was Sie für ihn tun, nichts bringt, lassen Sie es sein. Machen Sie etwas anderes, tun Sie etwas für sich.

Er soll selbst die Ärmel hochkrempeln

Charles (26) und Lydia (28) haben seit Kurzem eine Beziehung. Beide waren vorher schon einmal verheiratet. In der jeweiligen Phase der Ehescheidung ist ihnen beiden, so Lydia, Schmerzhaftes widerfahren. Jetzt sind beide glücklich und können noch dazu ihre früheren Erlebnisse miteinander teilen. Charles hat einen eigenen Betrieb, der sehr gut läuft. Die Arbeit wird für ihn immer stressiger und hektischer. Lydia meint, er arbeite zu viel. Wenn sie ab und zu deshalb eine Bemerkung macht, fährt Charles vor Wut aus der Haut. Lautstark erklärt er ihr dann, dass er zu Hause seine Ruhe haben möchte und dass sie sich nicht in seine Arbeitsangelegenheiten einmischen soll.

Charles fängt an, Lydia zu beschimpfen, er trinkt mehr, als gut für ihn ist, ernährt sich unregelmäßig und bekommt Magenprobleme. Lydia tut alles für ihn, sie möchte ihn bei Laune halten. Sie macht sich große Sorgen und fühlt sich gleichzeitig machtlos. Charles entzieht sich ihr immer mehr. Sie fühlt sich unglücklich, vor allem, weil sie sieht, dass es ihm nicht gut geht.

Lydia nimmt das von Leary inspirierte Modell zur Hand: »Meine Rolle geht am ehesten in Richtung ›Folgen‹. Ich unterwerfe mich Charles' Verhalten und richte mich mehr oder weniger sklavisch nach dem aus, was mit ihm passiert. In dieser Rolle fühle ich mich überhaupt nicht gut. So kenne ich mich auch gar nicht. In Bezug auf andere Menschen kann ich sehr gut Grenzen setzen und nehme, wenn es sein muss, die Position ›Konkurrieren‹ ein.«

Lydia beschließt, einen anderen Kurs zu fahren und Charles auf seine eigene Verantwortung hinzuweisen. Sie erklärt ihm, dass sie bei Bedarf bereit sei, gemeinsam nach einer Lösung zu suchen. Wenn er das aber nicht möchte, dann muss er sich alleine um eine Lösung kümmern. Sie hat verstanden, dass sie ihm nicht helfen, wohl aber dafür sorgen kann, nicht selbst unter die Räder zu kommen.

Teil 6
Erfolgreich leben

10. Erfolgsweg

Erfolgreich sind wir immer dann, wenn wir wissen, was uns wichtig ist, und unser Leben danach ausrichten. Was ist Ihnen *wirklich* wichtig? Im alltäglichen Leben kann das leicht untergehen. Vielleicht sind Sie seit Jahren auf der Suche nach den für Sie gültigen Kernwerten. Mit den Übungen dieses Kapitels können Sie Ihre persönlichen Kernwerte ermitteln und diese mit Ihren Entscheidungen in Übereinstimmung bringen.

Gerade höher gebildete Menschen mit vielen Talenten sind in Gefahr, in ihrem Leben gegen die Wand zu fahren. »Ist es das, was ich immer gewollt habe?«, fragen sie sich, wenn sie schon erfolgreich auf dem Karriereweg sind. Auch eine Krise kann zu der Einsicht führen, welchen Weg man in seinem Leben gehen möchte.

»Meine Arbeit widerstrebt mir zutiefst« – Lara (47)

Lara hat immer die Fächer studiert, die ihr gefielen und interessant erschienen. Sie war nie um Arbeit verlegen, auch wenn sie als Hauptverdienerin manchmal Entscheidungen treffen musste, die nicht ihre erste Wahl waren. Ihre derzeitige Arbeit findet sie spannend, dennoch stößt sie darin an ihre Grenzen. Sie macht eine Situationsanalyse:

Meine Situation

Ich habe Philosophie und BWL studiert. Vorher war ich am Gymnasium. Einige Jahre lang war ich Inhaberin eines Bioladens. Zu der Zeit habe ich auch einen Roman geschrieben, der sich ganz gut verkauft hat. Mein Mann hat ein Übersetzungsbüro, das mittlerweile prima läuft, aber phasenweise war ich die Hauptverdienerin. Im meinem Fach, der Philosophie, war es schwierig, eine Arbeit zu finden, also habe ich einige Jahre als Officemanager in einem großen Unternehmen gearbeitet. Seit vier Jahren arbeite ich nun für eine Organisation im Gesundheitswesen, zuerst als Projektleiterin und jetzt als Programmmanagerin. Ich arbeite den Vorständen zu und beschäftige mich mit der internen Strategie-Entwicklung. Ich leite ein Team von acht Mitarbeitern. Daneben habe ich eine schwierige Akquise-Aufgabe. Ich finde es sehr attraktiv, hier zu arbeiten, weil es eine übersichtliche Organisation ist, die Mitarbeiter engagiert in der Sache und die Arbeitsinhalte ansprechend sind. Ich bin stolz darauf, Aufklärung als Fachgebiet mit entwickeln zu können, die Trends zu analysieren und Teil einer professionellen Organisation zu sein, die Kontakt zu ihrer Zielgruppe hat. Ich hätte nur gern mehr mit den Schwerpunkten meines Studiums und meiner Diplomarbeit (Ästhetik) zu tun.

Die Situation konkret
Gerade bin ich aus dem Urlaub zurückgekommen und schaffe es nicht, meine Arbeit wieder aufzunehmen. Vor dem Urlaub habe ich wegen RSI-Beschwerden und weil ich mich ausgebrannt fühlte nur noch 50 Prozent meiner normalen Arbeitszeit gearbeitet. Ich bin enttäuscht, dass ich mich trotz des Urlaubs körperlich nicht erholt fühle. Ich spüre, dass mir die konkrete Arbeit enorm widerstrebt (immerhin hilft mir das bei der Identifizierung der Energieräuber).

Die Direktorin hat angekündigt, dass sie sich, falls nicht genug Fortschritt erkennbar ist, die Inhalte und den Umfang meiner Tätigkeiten und Aufgaben ansehen will. Ich spüre selbst unzureichenden Fortschritt, um meinen Arbeitseinsatz zu erhöhen. Ich weiß nicht, wie ich das mit ihr besprechen kann.

Die Folgen
Ich leide unter meinen Symptomen und spüre wenig Energie. Ich grüble viel und schlafe schlecht.

Was möchte ich verändern?
Ich habe das Angebot bekommen, einen Secondhand-Bekleidungsladen zu eröffnen. Soll ich das Angebot annehmen, um

der aussichtslosen Situation an meinem derzeitigen Arbeitsplatz ein Ende zu bereiten?

Kann ich das an einem Beispiel verdeutlichen?
Wenn ich mich für den Laden entscheide, fühlt sich das wie eine Flucht an. Ich könnte noch mehrere andere Beispiele für das Unentschiedensein aufzählen, deshalb habe ich ja auch zwei Studiengänge gemacht. Es fällt mir schwer, Dinge, die noch nicht fertig ist, loszulassen. Das fühlt sich nicht gut an.

Ich zweifle darüber, welche Schritte richtig sind: Soll ich trotz der Abneigung weitermachen? Soll ich mich schneller auf die Suche nach einer berufsbegleitenden Ausbildung machen? Soll ich ein Jahr pausieren? Muss ich mich überhaupt für etwas entscheiden, und wenn ja, was sind dann gute Gründe für eine Entscheidung …

Ich entscheide mich für…
Gut überlegen und keine übereilten Entscheidungen treffen. Ich vermute, dass ich nicht sehr belastbar bin, bin mir aber nicht sicher, ob das stimmt. Ich kann meine jetzige Arbeit allmählich wieder ausbauen und mich dann darum kümmern, was ich wirklich will.

Spirituelle Notsignale

Lara sendet spirituelle Notsignale aus. Sinn und persönliches Wachstum scheinen in ihrer Arbeit zu fehlen. Es hört sich an, als würde sie sich im Kreis bewegen. Sie hat keine Lust mehr auf ihren Job, obwohl sie die Organisation und deren Ziele als sinnvoll wertschätzt. Ihre Unzufriedenheit zeigt sich in körperlichen Symptomen.

Laras begleitender Coach regt sie dazu an, ihre Gedanken kritisch zu hinterfragen. Stimmt es tatsächlich, dass zu wenig Fortschritt erkennbar ist und dass sie deshalb ihren Arbeitseinsatz nicht erhöhen kann? Das weiß Lara ja gar nicht. Sie denkt es, hat es aber noch gar nicht ausprobiert. Das will sie jetzt erst einmal tun.

Die Situation entwickelt sich schneller als Laras Entscheidung. Aus Gründen der Belange der Organisation lässt die Direktorin Lara durch eine Vertretung ersetzen. Lara hat mit der Direktorin vereinbart, dass sie einen Monat lang nicht arbeiten wird. In dieser Zeit könnte sie sich in Bezug auf ihre Karrieremöglichkeiten testen lassen und der Möglichkeit mit dem Secondhand-Laden weiter nachgehen. Bei den Karriereplanungstests kommt heraus, dass Lara der geborene Unternehmertyp ist: Sie ist in ihrem derzeitigen Job tatsächlich am falschen Platz. Lara fühlt sich durch die Testergebnisse gestärkt. Sie ist erleichtert und hat viel weniger Schmerzen als bisher.

Das Unternehmen greift ein

Der Funktion enthoben und bis auf Weiteres durch einen Stellvertreter ersetzt: Unternehmen greifen relativ schnell bei Managern in Führungsposition ein, die lange brauchen, um zu regenerieren. Der Arbeitsprozess muss schließlich weitergehen, auch wenn eine wichtige Schlüsselfigur ausfällt. Oft entsteht dann ein Arbeitskonflikt, denn der Manager will seiner Funktion nicht enthoben werden. Dennoch es ist sehr unvernünftig, zu diesem Zeitpunkt mit den Vorgesetzten in eine Auseinandersetzung zu gehen. Meistens verliert man den Konflikt. Besser ist es, über den Termin zu verhandeln, zu dem man zurückkehren kann, und darüber, wie die Rückkehr organisiert werden soll.

Wenn der Vorstand keine Rückkehr wünscht, sollte man sich einen guten Anwalt oder Mediator nehmen, um den Abschied zu regeln. Verhandeln Sie in dieser Phase nicht selbst.

Was macht mich wirklich glücklich?

Govert arbeitet als Kinderonkologe in einem großen Krankenhaus. Seine Ausbildung ist beendet, aber er kann keine Festanstellung als Facharzt bekommen. Seine Frau hat ihn nach zwölf Jahren Ehe verlassen. Sie konnten keine Kinder bekommen. Govert ist reizbar und trinkt derzeit mehr als sonst. Manchmal leidet er unter Panikattacken. In seinem Leben möchte er die Weichen neu stellen und sich dabei von seinem Herzen leiten lassen. Medizin studieren war für ihn selbstverständlich: In seiner Familie sind alle Arzt. Seine Frau hat er im Studium kennen gelernt. Verliebt waren sie nicht unbedingt, sie verstanden sich gut und ansonsten hatten beide ein stressiges Leben.

Govert fängt mit einem Coaching an, um nach all den Jahren herauszufinden, was ihm persönlich für sein Leben wesentlich ist: Was macht mich wirklich glücklich?

Eine Wahl treffen

Möglichkeiten gibt es viele für diese hochqualifizierten Menschen mit all ihren Talenten und Vernetzungen. Wo ist das Problem? Lara und Govert finden beide nur schwer Kontakt zu dem, was sie selbst wirklich wollen: zu ihren persönlichen Bedürfnissen, Wünschen und den wichtigsten Werten in ihrem Leben. Erst wenn sie hier Klarheit gewonnen haben, können sie die richtigen Entscheidungen treffen.

Karriere-Coaching und Berufswahlberatung sind für ihren jeweiligen Neustart empfehlenswert. Nicht jeder braucht diese Art von Beratung. Aber allen, die diesbezüglich Fragen haben, denen sie gern weiter nachgehen möchten, können die folgenden Entscheidungsfindungs-Übungen hilfreich sein.

Sich für das entscheiden, was man wirklich will

Um zu einer richtigen Wahl zu gelangen, muss man erst einmal wissen, wann es überhaupt etwas zu entscheiden gibt. Man kann sich nicht für schönes Wetter entscheiden, aber man kann sich entscheiden, in eine Gegend zu fahren, in der schönes Wetter ist. Mit anderen Worten: Man kann sich nur für die Dinge entscheiden, die man beeinflussen kann.

Sich entscheiden heißt weiter, dass man sich Dinge überlegt, dass man über vieles nachdenkt. »Denken« ist hier im weitesten Sinne zu verstehen: Sie sollten nicht nur Ihren Verstand einsetzen, sondern auch erkennen, wann Sie auf Ihr Gefühl hören sollten.

Die Vorstellung, dass es eine entscheidende Voraussetzung für ein glückliches Leben ist, die richtigen Entscheidungen zu treffen, steht uns im Weg. Deshalb ist uns oft mulmig zumute, wenn wir uns entscheiden müssen. Wenn wir die falschen Entscheidungen treffen, so meinen wir, könnten wir unser Glück verspielen. Glücklicherweise funktioniert das nicht ganz so. Ein Mensch kann auf verschiedene Arten glücklich werden und in verschiedenen beruflichen Laufbahnen sowie Wohn- und Arbeitsumgebungen einen passenden Platz finden.

Sie können auch gar nicht alle Folgen einer Entscheidung überblicken. Manchmal ist es wichtiger, *dass* Sie sich entscheiden, als, wofür Sie sich entscheiden. Letztendlich geht es um die Frage, was Sie aus Ihrer Entscheidung machen.

Um gute Entscheidungen treffen zu können, müssen Sie:
1. wissen, was Sie wollen;
2. wissen, was Sie abhält;
3. entscheiden können;
4. Freude daran haben, Entscheidungen zu treffen.

Entdeckungs-Übung
Diese Übung hilft Ihnen dabei, Antworten auf die Frage zu finden, was wirklich wichtig für Sie ist: Welche Werte sind Ihr Fundament?

Entscheidungen treffen, die Freude machen
■ Fangen Sie mit einfachen Entscheidungen an, die Ihnen Freude bereiten. Überlegen Sie sich auch ein paar Dinge,

die Sie nicht gern machen, und entscheiden Sie sich dafür, damit aufzuhören.

- Entscheiden Sie sich dafür, eine einfache Routine zu durchbrechen. Wenn Sie immer den gleichen Weg zur Arbeit oder zu einem Freund oder einer Freundin nehmen, wählen Sie einmal einen anderen Weg oder machen Sie einen kleinen Umweg.
- Entscheiden Sie sich dafür, eine einfache neue Routine zu entwickeln. Ein Spaziergang vor dem Schlafengehen, Ihren Schreibtisch aufräumen, bevor Sie mit der Arbeit beginnen, jemanden grüßen, den Sie vom Sehen kennen, oder Ähnliches.

Erforschen Sie Ihre Bedürfnisse

- Beantworten Sie die folgenden Fragen, ohne nachzudenken:

  Ich bin am glücklichsten, wenn …
  Irgendwann einmal werde ich …
  Was ich wirklich machen möchte, ist …
  Wenn ich tun könnte, was ich wollte, würde ich …

- Vergleichen Sie Ihre Antworten auf die obigen Fragen mit dem, was Sie in Kapitel 5 über die Freude an der Arbeit gesagt haben. Was lernen Sie daraus in Bezug auf die Dinge, die Sie wirklich gerne tun? Überprüfen Sie, inwieweit Ihre Wünsche wirklich Ihren ureigensten Bedürfnissen entsprechen und inwieweit sie eine Reaktion auf die Erwartungen Ihrer Eltern oder anderer Menschen sind.
- Erforschen Sie, ob Sie Ihre Bedürfnisse auch anders, mit anderen Worten ausdrücken können. Stellen Sie sich vor, Sie würden sich wünschen, in einem anderen Land zu leben. Geht es Ihnen dabei wirklich darum, in dem anderen Land zu leben, oder geht es Ihnen um das Erleben von Freiheit, um einen lockeren Lebensstil oder um die Liebe zu einer bestimmten Landschaft? Anders gesagt: Finden Sie heraus, was der Kern Ihrer Wünsche ist.

Der Faktor Angst

Oft weiß man ganz genau, welche Entscheidungen man treffen möchte, aber man tut es nicht, weil man Angst vor den Folgen hat. Manchmal ist das eine reale Angst, manchmal nicht. Oft bläht man seine eigenen Ängste auf, um sich vor der Entscheidung zu drücken. Überlegen Sie sich, wovor Sie genau Angst haben, wenn Sie vor einer schwierigen Entscheidung stehen, und gehen Sie dieser Angst auf den Grund.

Führen Sie sich in Gedanken ein bis drei Dilemmas vor Augen und formulieren Sie die Ängste, die Sie im Zusammenhang mit der jeweiligen Situation empfinden.

Gehen Sie den Ängsten, einer nach der anderen, auf den Grund. Beantworten Sie dazu die folgenden Fragen:

> Bei welcher Gelegenheit haben Sie diese Angst zum ersten Mal gespürt?
> In welcher Körperregion spüren Sie diese Angst?
> Was sagt diese Angst über Sie aus?
> Wie real ist die Angst Ihrer Meinung nach?
> Was würden Sie jemand anderem raten, der dieselbe Angst hat?
> Was könnte Ihnen schlimmstenfalls passieren, wenn Sie eine Entscheidung treffen?

Entscheidungen treffen – Intuition entwickeln

Um vernünftige Entscheidungen treffen zu können, genügt es nicht, rationale Überlegungen über die positiven und negativen Folgen anzustellen, die man durch die Entscheidung erwartet; man muss vor allem auch lernen, auf eine richtige Art und Weise sein Gefühl mit einzubeziehen. Hilfreich ist es, wenn man die eigene Intuition entwickelt.

■ Die Intuition kommt zum Zug in Situationen, in denen man entspannt oder mit Routinearbeiten beschäftigt ist. Sorgen Sie mithilfe von Entspannungsübungen, Meditation oder Sport für ausreichend Entspannung. Erledigen

183

Sie auch regelmäßig Routinearbeiten, wie Bügeln, Duschen, Abspülen oder Ähnliches.

■ Arbeiten Sie mit Visualisierungstechniken. Stellen Sie sich beispielsweise vor, wie Sie eine schwierige Aufgabe erfolgreich zu Ende bringen.

■ Eine andere Möglichkeit ist, sich die »Wunderfrage« zu stellen. Stellen Sie sich vor, heute Nacht, während Sie schlafen, würde ein Wunder geschehen, das die Probleme, mit denen Sie zu kämpfen haben, löst. Sie werden wach, wissen aber nicht, dass das Wunder geschehen ist. Was wäre nun anders? Was würden Sie anders tun? Woran würden Sie merken, dass ein Wunder geschehen ist? Woran würden andere das merken? Nutzen Sie die Einsichten, die Sie dadurch erhalten, um das Problem wirklich zu lösen.

■ Zeichnen, malen oder schreiben Sie, und tun Sie das auf eine intuitive Art und Weise. Folgen Sie keinem Plan, sondern lassen Sie das Werk von selbst entstehen. Die verwendete Technik und der Zusammenhang sind dabei unwichtig. Erkunden Sie, welche »Botschaft« oder welchen witzigen Fund Sie aus Ihrem Werk herausholen können.

Die Werte-Top-Ten

Beantworten Sie drei Kernfragen:

1. Stellen Sie sich vor, Ihr Lebensende wäre nahe. Sie gehen mit Ihrer Aufmerksamkeit zurück zu Ihrem Lebenslauf. Was sind die drei wichtigsten Lektionen?
2. Denken Sie an jemanden, den Sie sehr respektieren. Welche drei Qualitäten bewundern Sie an ihm oder ihr?
3. Was für ein Mensch sind Sie, wenn Sie in Topform sind?

Lesen Sie die folgende Liste von Wörtern durch und achten Sie bei jedem Schlüsselwort auf Ihre Reaktion. Welche Wörter sprechen Sie am meisten an? Sie dürfen so viele Wörter hinzufügen oder verändern, wie Sie möchten. Erstellen Sie dann Ihre persönliche Top Ten aus dieser Liste und schreiben Sie sie in der Reihenfolge ihrer Wichtigkeit für Sie auf.

Abenteuer	Gerechtigkeit	Spaß
Anerkennung	Gesellschaft	Spiritualität
Anständigkeit	Gewinnen	Spontaneität
Arbeiten	Großzügigkeit	Sicherheit
Aufrichtigkeit	Höflichkeit	Sorgfalt
Bescheidenheit	Humor	Stabilität
Bewusstes Leben	Innere Ruhe	Status
Brillanz	Integrität	Subtilität
Demut	Kreativität	Tapferkeit
Disziplin	Leidenschaft	Toleranz
Echtheit	Leistung	Tradition
Ehrlichkeit	Lernen	Treue
Einfachheit	Liebe	Unabhängigkeit
Einsicht	Loyalität	Unternehmungslust
Empfindsamkeit	Macht	Unterrichten
Engagement	Mitleid	Ursprünglichkeit
Expressivität	Mode	Vaterlandsliebe
Familie	Nächstenliebe	Verantwortlichkeit
Fantasie	Natur	Verschiedenheit
Freiheit	Neuheit	Verspieltheit
Freundlichkeit	Offenheit	Vollkommenheit
Freundschaft	Ökologie	Wachstum
Führung	Ordnung	Wahrheit
Fürsorglichkeit	Rechtsgefühl	Weisheit
Gefühlsempfin-	Religion	Wettbewerb
dung	Respekt	Wissen
Geld	Sanftmut	Zeit
Genuss	Schönheit	

Meine Top Ten

1	Liebe	6	Spiritualität
2	Kreativität	7	Zeit
3	Familie	8	bewußtes Leben
4	Innere Ruhe	9	Empfindsamkeit
5	Freundschaft	10	Respekt

Erstellen Sie einen Bericht

Erstellen Sie anhand der Übung, die Sie eben gemacht haben, einen Bericht und halten Sie darin fest:

1. was Ihnen Freude macht und welche Sehnsüchte Sie haben;
2. Ihre wichtigsten Ängste;
3. eine kurze Angstanalyse: Wo kommen die Ängste her?;
4. Ihre Erfahrung im Umgang mit Intuition: Was bringt sie Ihnen?;
5. auf welchen Gebieten möchten Sie sich verändern?

Innere Balance

In den vorhergehenden Übungen haben Sie sich mit der Frage beschäftigt, was Ihnen Freude macht, was Ihre wichtigsten Sehnsüchte und Wünsche sind, welche Ängste Sie einschränken, von welchen Werten Sie sich am meisten angesprochen fühlen und auf welchen Gebieten Sie gerne Veränderung hätten. Finden Sie nun heraus, wie viel Zeit und Aufmerksamkeit Sie den Dingen, die Ihnen wichtig sind, im Alltag schenken und ob Sie daran in Zukunft ändern wollen.

Machen Sie eine Liste mit vier Spalten. Über den einzelnen Spalten schreiben Sie die Worte »Freude«, »Sehnsüchte«, »Werte« und »Veränderungen«. Sortieren Sie die einzelnen Elemente nach der Wichtigkeit, die Sie damit verbinden. Das wichtigste Element steht an oberster Stelle.

Was mir wichtig ist:

	Freude	Sehnsüchte	Werte	Veränderungen
1				
2				
3				
4				
5				

Wenn Sie das gemacht haben, sortieren Sie dann dieselben Elemente nach der Menge an Zeit und Aufmerksamkeit, die Sie ihnen schenken.

Wofür ich die meiste Zeit gebe:

	Freude	Sehnsüchte	Werte	Veränderungen
1				
2				
3				
4				
5				

Was fällt Ihnen auf in Bezug auf den Zusammenhang zwischen der Wichtigkeit, die Sie den einzelnen Elementen zugestehen, und der Zeit und Aufmerksamkeit, die Sie dafür aufwenden?

Inwiefern möchten Sie daran etwas ändern?

Auf welche Art und Weise können Sie das tun?

Der Realitäts-Check

Karel und Martijn führen eine »Living apart together«-Beziehung. Beide hatten in der Vergangenheit, unabhängig voneinander, beschlossen: nie wieder eine gemeinsame Wohnung mit dem Partner. Nach etwa vier Jahren des Lebens in getrennten Wohnungen wird das ständige Ein- und Auspacken an den Wochenenden jedoch lästig. Karel arbeitet freiberuflich als Trainer und Coach. Als sein größer Kunde Konkurs anmeldet, bricht ihm ein großer Teil seines Einkommens weg. Dieser Kunde hat außerdem noch ziemlich hohe Schulden bei ihm, die Karel möglicherweise nicht bezahlt bekommen wird. Er setzt alles daran, neue Auftraggeber zu finden. Ein Angestelltenverhältnis möchte er auf keinen Fall, denn seine Freiheit ist ihm wichtig.

Martijn spricht ihn diesbezüglich an: Was ist wirklich wichtig für dich? Freiheit in der Arbeit oder Freiheit im Privatleben? Sie beschließen, nun doch gemeinsam eine Wohnung zu kaufen. Obwohl die neue Wohnung sehr geräumig ist, sind die gemeinsamen Fixkosten geringer als die Summe der beiden vorherigen Hypotheken. Unter dem Dach richtet sich Karel sein Büro ein. Er bemüht sich um Aufträge in seinem neuen Wohnort.

Finanzielle Balance

In Kapitel 4 haben Sie sich einen Überblick über Ihre finanzielle Situation verschafft. Überprüfen Sie nun, inwieweit das Ergebnis der vorhergehenden Übung (Wofür wollen Sie Zeit und Aufmerksamkeit verwenden?) sich mit Ihrer finanziellen Lage in Übereinstimmung bringen lässt. Lassen Sie sich dabei von den folgenden Fragen leiten:

- Wie viel Geld brauchen Sie, um die Dinge, die Ihnen wichtig sind, zu realisieren?
- Wo und wie könnten Sie sparen?
- Welche alternativen Möglichkeiten haben Sie, um an Geld zu kommen? (Denken Sie auch an die Möglichkeit, Ihr Haus/Ihre Wohnung oder andere Besitztümer zu verkaufen.)
- Inwieweit können Sie das, was Ihnen wichtig ist, in Ihrer Arbeit umsetzen?
- Welche Arbeit würde sich am besten dafür eignen?

Sollte sich herausstellen, dass Ihnen finanzielle Sicherheit sehr wichtig ist, akzeptieren Sie dies. Machen Sie sich klar, dass dafür möglicherweise andere Interessen zurückstehen müssen.

Ich und andere

Langsam, aber sicher erhalten Sie ein Bild Ihrer eigenen Bedürfnisse und Wünsche. Nun wird es Zeit, auch über Ihre soziale Umgebung nachzudenken. Wie wichtig sind Ihnen andere Menschen? Und wie wichtig ist es Ihnen, für andere da zu sein? Im Kontakt mit anderen Menschen kann man sich durch unerwartete Einsichten überraschen lassen. Deshalb ist es auch für Ihre persönliche Entwicklung sehr vorteilhaft, sich für die Interessen anderer Menschen einzusetzen. Nicht nur für Ihre Familienmitglieder, sondern auch für Menschen außerhalb Ihres unmittelbaren Umfeldes. Es kann sich dabei um Einzelfälle der Unterstützung oder Hilfe handeln, wenn Sie beispielsweise jemandem über die Straße helfen, aber auch um ein strukturiertes Engagement, wie ehrenamtliche Tätigkeiten, politische Aktivitäten, Gemeindearbeit oder Ähnliches. Suchen Sie nach Möglichkeiten, diesen Dingen einen festen Platz in Ihrem Leben zu geben.

Überprüfen Sie, wie viel Sie für sich selbst und wie viel Sie für andere tun, und überprüfen Sie, ob Sie daran etwas ändern möchten.

Aktion

Logo und Mindmap

Gestalten Sie auf der Basis der vorhergehenden Übungen ein persönliches Logo für sich. Arbeiten Sie mit Ihrer Intuition und assoziieren Sie frei. Was könnte für Sie als Person stehen? Ein Baum, ein Segelboot, eine Blume, die Sonne, ein Mensch, ein Tier, eine Frucht, Wolken, eine Landschaft oder eine Aktivität? Setzen Sie Ihre Fantasie für den Entwurf eines persönlichen Logos ein. Verwenden Sie das Logo für ein Mindmap.

Zeichnen Sie das Logo in die Mitte eines leeren Blattes. Bringen Sie nun, mit dem Logo als Ausgangspunkt, Verzweigungen in die verschiedenen Lebensbereiche an, wie etwa: die Situation zu Hause, Arbeit, Gesundheit, soziale Kontakte etc.

Fügen Sie bei jedem Ast hinzu, was Sie, vom Logo aus gedacht, gern unternehmen würden. Im folgenden Beispiel ist das Logo ein sportlicher Typ, ein Läufer. Drumherum sind die einzelnen Gebiete mit ihren Verzweigungen angegeben.

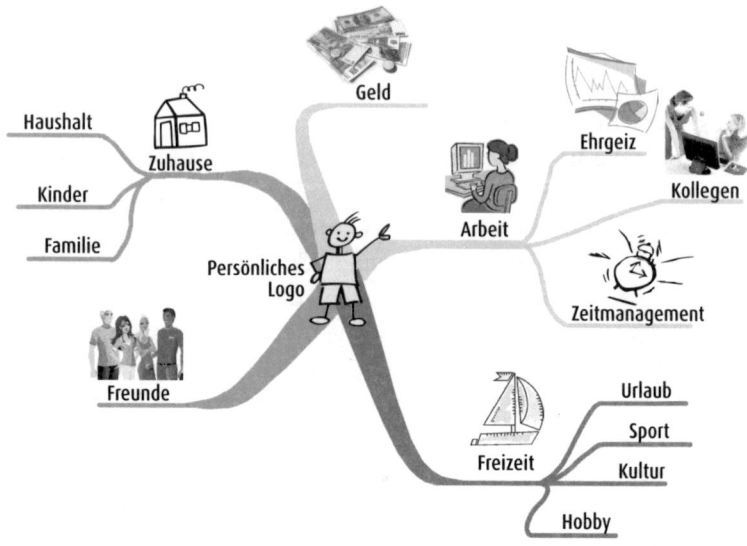

Aktionsplan

Geben Sie nun noch an, welche Punkte Sie in Ihrem Leben ändern möchten. Schreiben Sie nur die Dinge auf, die Sie auch selbst ändern können. Versuchen Sie, so konkret wie möglich anzugeben, was Sie tun möchten.

1.	
2.	
3.	
4.	

Nicht alle Verbesserungspunke wiegen gleich viel. Geben Sie an, was Ihnen am wichtigsten ist, womit Sie beginnen wollen und wann Sie beginnen wollen.

Machen	Wann

Was möchten Sie mit den Veränderungen erreichen? Beschreiben Sie Ihr Ziel so konkret wie möglich.

Ziel

11. Was tun bei einem Rückfall?

Bei jedem Heilungs- oder Regenerationsprozess gibt es auch eine Phase mit Rückschlägen. Ist man darauf nicht vorbereitet, kann die Enttäuschung so groß sein, dass man es kaum mehr schafft, zur Aufwärtsbewegung zurückzukehren. Überlegen Sie sich deshalb ein Notfallszenario: Was mache ich bei einem Rückfall? Oder Sie stellen einen Rückfallpräventionsplan auf, und greifen Sie immer rechtzeitig ein, um einen Rückfall von vornherein auszuschließen.

Das lange Nachspiel bei einem Burnout

Joost bekam vor einem Jahr ein Burnout-Syndrom. Inzwischen ist er auf dem Weg der Besserung und möchte nun seine Kondition wieder aufbauen. »Früher bin ich Marathons gelaufen, jetzt bin nach einer halben Stunde Laufen völlig fertig«, klagt er. Beim Spazierengehen hat er keine Probleme, wenn er sich aber dann nach ein paar Stunden hinlegt, fangen die Schmerzen in den Beinen an. Ärztliche Untersuchungen haben ergeben, dass er körperlich in Ordnung ist. Joost bekam den Rat, sich wieder sportlich zu betätigen, aber der Einstieg fällt ihm schwer. Er kämpft noch damit, ein passendes Trainingsschema zu erarbeiten.

Frustrierende Gedanken

Einer der größten Fallstricke bei der Wiederherstellung der Balance ist, dass man zu viel macht, wenn es einem gut geht, und zu wenig, wenn es einem nicht gut geht. Das gilt in Bezug auf die Rückkehr an den Arbeitsplatz genauso wie für Sport und Bewegung. Meist lässt man sich dabei zu sehr vom Vorhandensein beziehungsweise Nichtvorhandensein der Beschwerden leiten.

Für Joost ist es gut, wenn er seine Aktivitäten systematisch und strukturiert aufbaut und dabei zwischen Aktivität und Entspannung abwechselt. Nach einer halben Stunden spazieren gehen sollte er sich beispielsweise am besten gleich eine halbe Stunde hinlegen. Aber danach sollte er auch wieder aufstehen und etwas anderes machen.

Achten Sie auf ausreichend Mineralstoffe
Manche Menschen leiden unter schmerzender Muskulatur aufgrund eines Mineralstoffmangels. Magnesiumtabletten können helfen.

Bei der Regeneration von einem Burnout ist die Methode des rationalen Denkens sehr hilfreich. Der Gedanke »Vor dem Burnout bin ich Marathons gelaufen und jetzt bin ich schon nach einer halben Stunde völlig erledigt« ist kein neutraler, sondern ein bewertender Gedanke. Joost findet es im Grunde genommen schrecklich, dass er nach einem halben Jahr noch nicht einmal eine halbe Stunde spazieren gehen kann. Er nährt damit seinen Frust, und die Stresshormone tanzen durch seinen Körper. Die Abbauprodukte dieser Hormone können unter anderem Schmerzen in der Muskulatur auslösen. Joosts Aussage, er sei ein körperliches Wrack, entspringt einem Gedanken der Verzweiflung. Was heißt das, körperlich ein Wrack zu sein? Heißt es, dass Joost nicht um sein Leben rennen könnte, wenn ein Brand ausbrechen würde? Man tut sich selbst keinen Gefallen, wenn man sich selbst als Wrack darstellt. Man tut sich auch nichts Gutes, wenn man sich selbst einredet, man sei völlig kaputt.

Versuchen Sie, trotz aller Schmerzen und Beschwerden, Ihre Aktivitäten langsam und allmählich wieder aufzugreifen und aufzubauen. Sie könnten beispielsweise mit einer Stunde Arbeit pro Woche beginnen, dann verlängern auf zwei Stunden, eine Woche später machen Sie drei Stunden. Dasselbe gilt für sportliche Aktivitäten: Verlängern Sie die halbe Stunde spazieren gehen auf eine Dreiviertelstunde und mehr. Ziehen Sie eventuell einen Physiotherapeuten hinzu, der Sie unterstützt und Ihnen zeigt, wie Sie Ihre Muskeln in ausgewogener Weise belasten können. Jeder Mensch braucht ein anderes »Trainingsschema«. Akzeptieren Sie, dass der Wiedereinstieg etwas länger dauern kann, und machen Sie sich bewusst, dass dies normal ist. Im Übrigen kehren Menschen nach einem Burnout im Schnitt nach drei bis sechs Monaten wieder in ihr normales Alltagsleben zurück. Sie hatten dann meistens auch psychologische Begleitung, die dahingehend ausgerichtet ist, sie beim allmählichen Wiederaufgreifen aller vorherigen Aktivitäten zu unterstützen.

Grenzen versetzen nach dem Burnout

Pelle (39) arbeitet als Jurist bei einer großen Wohnungsbaugenossenschaft. Vor zwanzig Jahren hat er dort als Praktikant angefangen und ist seither geblieben. In den Abendstunden absolvierte er ein Jurastudium. Bei seiner Arbeit kam er vor einiger Zeit an seine Grenzen wegen der beschränkten Befugnisse, die ihm zugestanden wurden. Als Jurist muss er manchmal Dinge ausbaden, die andere verursacht haben. Ziel ist dann nicht, zu einer brauchbaren Lösung zu kommen, sondern Klagen zu verhindern. Pelle war nach einem solchen Fall zutiefst frustriert: Er sah den Kläger im Recht. Die Diagnose des Betriebsarztes lautete »Burnout«.

Mithilfe des Access-Protokolls® hat Pelle sich selbst ziemlich schnell wieder aus der Misere herausgeholt. Er hat verstanden, was genau schiefgelaufen ist, und erkannt, welcher Teil davon auf seine Rechnung ging. Nach seiner Überzeugung ist er durch diese Einsicht so schnell wieder auf die Beine gekommen. Mit dem von Leary inspirierten Modell hat er seinen schwachen Punkt identifiziert: zu große Nachgiebigkeit. Dort möchte er etwas verändern.

Pelle fühlte sich mit der juristischen Arbeit nicht ausreichend gefordert. Er bewarb sich um eine Stelle auf höherem Niveau und wurde Manager. Gleichzeitig arbeitete er intensiv an einem Rückfallpräventions-Plan.

Rückfallprävention

Prävention vor Rückfällen setzt voraus, dass jemand in seiner Arbeit das findet, was ihm wichtig ist. Pelle braucht Herausforderungen und die Möglichkeit, ab und zu seine Grenzen versetzen zu können und auch einmal eine komplexere Aufgabe zu übernehmen. Deshalb hat er sich auf eine Stelle mit höherem Aufgabenprofil beworben. Ansonsten nahm Pelle sich vor, folgende Punkte im Auge zu behalten:

■ persönliche Weiterentwicklung durch Teilnahme an Fortbildungen und Trainings;
■ wöchentlich einmal die Methode des rationalen Denkens anwenden;
■ weiterhin klar Grenzen setzen;
■ die persönliche Autonomie stärken, Nachgiebigkeit im Zaum halten;
■ mindestens zweimal pro Woche Sport treiben.

Manche Ziele, wie beispielsweise Sport zu treiben und die Methode des rationalen Denkens einmal pro Woche anzuwenden, sind sehr konkret und überprüfbar. Andere Ziele geben mehr eine Richtung vor, wie das Ziel, auf persönliche Weiterentwicklung zu achten und die eigene Autonomie zu stärken. Wie kann man diese Ziele überprüfen? Man kann sich zum Beispiel einmal in der Woche ansehen, welche Dinge man getan hat, aus denen Autonomie spricht. Persönliches Wachstum kann man monatlich evaluieren: Welche Schritte hat man in diese Richtung gesetzt?

Pelle kann aufgrund seiner Erfahrung sehr gut vorab erkennen, auf welche Stresssituationen er in seiner Arbeit gefasst sein muss. Er füllt die Übersichtsliste mit den stressigen Situationen aus.

Meine Top-Ten-Hitliste der (Arbeits-)Stresssituationen

1.

2.

3.

4.

5.

6.

7.

8.

9.

10.

In welcher dieser Situationen kann es passieren, dass ich einen Rückfall erleide?	Wie kann ich das verhindern?
1.	
2.	
3.	
4.	
5.	
6.	
7.	
8.	
9.	
10.	

Marcia bekam in ihrer Arbeit als Personalberaterin einen Burnout. Langsam aber sicher kommt sie wieder auf die Beine. Seit eineinhalb Jahren arbeitet sie nun wieder zwei Tage pro Woche in einem Delikatessengeschäft. Aber mit einem Mal fühlt sie sich wieder schlecht. Sie schickt ihrem Coach eine E-Mail mit ihrer Situationsanalyse.

Meine Situation
Es hat eine ganze Weile gedauert, bis ich mich nach dem Burnout wieder besser fühlte. Endlich waren die Panikattacken verschwunden. Langsam habe ich wieder angefangen zu arbeiten, zuerst mit ehrenamtlichen Tätigkeiten, dann, seit nunmehr eineinhalb Jahren, die Teilzeitstelle im Delikatessengeschäft.

Ein konkretes Beispiel
Seit vier Tagen habe ich nicht oder kaum geschlafen. Ich bin hundemüde. Heute Nacht fühlte ich mich von dem Gedanken, dass ich mich nach mehr als eineinhalb Jahren im Delikatessenladen nun zum ersten Mal krankmelden muss, völlig gestresst. Ich befinde mich in einer Abwärtsspirale. Ich habe nicht mit einem solchen Rückfall gerechnet, mir ist nicht klar, wo dieses Gefühl herkommt, und ich habe Angst vor den Folgen. Es ist lange her, dass ich mich so elend gefühlt habe. Es jagt mir Angst ein.

Was habe ich in den letzten Wochen getan, das etwas damit zu tun haben könnte, wie ich mich jetzt fühle?
1. Ich war zwei Wochen im Urlaub in Italien. Eine Herausforderung für mich, aber es ist gut gegangen. Ich musste zwar sehr genau meine Grenzen beachten und nach der Rückkehr nach Hause habe ich eine Woche gebraucht, um wieder anzukommen. Da hat das schlechte Wetter bei der Rückkehr möglicherweise eine Rolle gespielt.

2. In den letzten drei Wochen habe ich jeweils auch am Montagnachmittag gearbeitet. Das erste Mal war es hart, die extra Stunden zu machen, danach ging es besser.

3. Mein Partner ist vor einigen Tagen mit seiner Firma in ein größeres, eigenes Gebäude eingezogen. Er war in den letzten zwei, drei Wochen viel damit beschäftigt. Ich habe versucht, mich so weit wie möglich rauszuhalten, und hatte nur eine einzige konkrete Aufgabe übernommen: Geschirr und andere Küchenutensilien einzukaufen. Ansonsten habe ich versucht, mich nicht einzumischen.

4. Seit dem Urlaub hatten wir an jedem Wochenende mindestens eine soziale Verpflichtung. Oft auch mehrere an einem Wochenende, aber die anderen habe ich abgesagt.

5. Letzte Woche habe ich mit der Einnahme der Antidepressiva aufgehört. Seit letzten Februar bin ich dabei, die Dosis zu reduzieren, von 150 Milligramm auf 75 Milligramm, dann auf 37,5 Milligramm und dann auf null. Schrittweises Reduzieren also. Ich kann mir wirklich nicht vorstellen, dass der letzte Schritt von 37,5 Milligramm auf null bewirkt, dass ich mich so fühle. Schließlich hatte ich bei den bisherigen Minderungen der Dosis keine Probleme. Dennoch kommt das Zurückführen auf null zeitlich genau mit diesem schlimmen Rückfall (in Verbindung mit anderen Faktoren) überein. Ich habe einen Termin beim Arzt, um das mit ihm zu besprechen. Ich möchte mit dem Medikament aufhören und nicht wieder neu anfangen.

Die Folgen

Ich bin sehr emotional und in meinem Kopf fühlt es sich seit ein paar Tagen seltsam an. Ich fühle mich ängstlich und leicht in Panik, vor allem seit den letzten beiden Nächten. Ich bin ganz von der Rolle, hoffe aber, dass es nichts Schlimmes ist. Weiter hoffe ich, dass es Teil des Regenerationsprozesses ist. Ehrlich gesagt habe ich nach der langen Zeit genug davon, aber so einfach ist das im Leben nicht.

Was möchte ich verändern?

Ich konnte eigentlich noch nie besonders gut um Hilfe für mich selbst bitten. Mein Partner hat bisher für mich angerufen und in einer E-Mail die Dinge dargelegt. Das möchte ich künftig selbst tun.

Kann ich das an einem Beispiel verdeutlichen?

Das hier ist das erste Mal. Ich bin gespannt, ob mein Coach reagieren wird. Vielleicht ist sie im Urlaub.

Marcias Coach antwortet ihr noch am selben Tag mit einer Mail. Marcia ist überrascht und erfreut über den Inhalt der Mail:

»Wie gut, dass Sie mir schreiben, Marcia! Hervorragend, wie Sie die Ursachen Ihres Rückfalls benennen. Sehr gut, dass Sie zum Arzt gehen werden. Ich vermute, dass doch das Reduzieren der Medikamente die Ursache ist. Der letzte Schritt ist oft der schwierigste, weil man dann ›ganz ohne‹ ist.

Zuerst möchte ich Ihnen aber zu Ihren Fortschritten gratulieren. Es ist das erste Mal, dass Sie selbst deutlich in einer Mail schreiben, was bei Ihnen gerade los ist. Vorher sagten Sie immer, dass Sie das nicht hinbekämen, und dann ließen Sie es Ihren Partner machen. Auf mich macht das den Eindruck, dass Sie – womöglich ohne es selbst zu merken – doch einen großen Schritt nach vorne gemacht haben.

Der Gedanke, den Sie nun haben – ›Ich komme nicht vorwärts und befinde mich in einer Abwärtsspirale‹ – ist ein irrationaler Gedanke. Ein Rückfall ist nicht gleichbedeutend mit Kontrollverlust und einer sich abwärts bewegender Spirale, sondern steht für die vorübergehende Anpassung an eine neue Situation. Die neue Situation ist, dass Sie völlig ohne Medikamente sind.

Zum ersten Mal seit eineinhalb Jahren einen Tag krank? Worüber machen Sie sich Sorgen? Ein gesunder Mensch ist im Schnitt einmal im Jahr krank. Kurz und gut: Stellen

Sie nicht zu hohe Anforderungen an sich selbst (da ist Ihr Fallstrick!). Betrachen Sie diese und eventuell die nächste Woche als krankheitsbedingte Abwesenheit und gehen Sie dann einfach wieder zur Arbeit.«

Tipps zur Rückfallprävention

- Akzeptanz bleibt ein wichtiger Punkt: Negieren Sie die Stresssignale nicht.
- Denken Sie beruhigende Gedanken: Es wird wieder gut.
- Nehmen Sie eventuell vorübergehend ein Schlafmittel ein.
- Gehen Sie an die frische Luft und bewegen Sie sich.
- Seien Sie zurückhaltend mit Kaffee und Alkohol.
- Sagen Sie Ihre sozialen Verpflichtungen für ein paar Wochen ab, wenn Ihnen die Termine zu viel werden.
- Bleiben Sie nicht länger als zwei Wochen krank zu Hause, vermeiden Sie Überstunden.
- Was sind Ihre Energiespender? Was machen Sie sehr gern? Schenken Sie diesen Dingen Ihre Aufmerksamkeit.
- Gehen Sie den Burnout-Präventionsplan durch. Vielleicht finden Sie noch ein paar Tipps, die für Sie nützlich sind.

Burnout-Präventionsplan

1. Gehen Sie zu festen Zeiten ins Bett. Machen Sie abends keine anstrengenden Dinge mehr, führen Sie keine schwierigen Gespräche. Schauen Sie beispielsweise am Beginn des Abends auf den Tag zurück, notieren Sie, was gut gelaufen ist, und strukturieren Sie die Dinge, die Sie am nächsten Tag zu tun haben. Sorgen Sie für eine machbare Planung. Stehen Sie auch rechtzeitig auf. Bleiben Sie nicht länger im Bett liegen, weil Sie schlecht geschlafen haben.

2. Ernähren Sie sich gesund und essen Sie regelmäßig: fünf bis sechs kleine, über den Tag verteilte

Portionen. Nehmen Sie vor allem Nahrung mit einem niedrigen glykämischen Index zu sich (siehe dazu Kapitel 3).

3. Frühstücken Sie jeden Tag.

4. Beschränken Sie den Kaffeegenuss auf höchstens drei Tassen am Tag. Trinken Sie am Abend Kräutertee. Seien Sie beim Alkohol zurückhaltend. Eine gute Idee wäre es, drei alkoholfreie Tage pro Woche zu planen.

5. Verringern Sie Ihren Zuckerkonsum. Essen Sie keine Fertigprodukte, keine dampfgegarten Produkte oder andere Fastfood-Mahlzeiten. Diese enthalten oft zusätzlichen Zucker.

6. Trinken Sie jeden Tag sechs bis acht Gläser Wasser.

7. Machen Sie bei der Arbeit nach jeweils eineinhalb Stunden eine Pause. Bewegen Sie sich – auch dann, wenn Sie sich hundmüde fühlen. Gehen Sie mindestens eine halbe Stunde am Tag spazieren. Entspannen Sie sich nach jeder Aktivität.

8. Nehmen Sie sich jeden Tag zweimal 20 Minuten Zeit für Entspannungsübungen, Yoga oder Meditationsübungen.

9. Was ist wirklich wichtig? Betrachten Sie Ihre Aktivitäten am Arbeitsplatz und außerhalb der Arbeit kritisch. Was hat es damit auf sich, dass es Ihnen schwerfällt, nein zu sagen, und dass Sie zu leicht ja sagen? Streichen Sie Termine aus Ihrem übervollen Terminplaner und fragen Sie sich bei allem, was Sie tun, ob Sie sich damit etwas Gutes tun.

10. Machen Sie zweimal in der Woche ein Herz-Kreislauf-Training und ein Krafttraining. Lassen Sie sich im Fitnessstudio über ein geeignetes Trainingsschema beraten.

Und jetzt steht meine Beziehung auf dem Spiel …

Cornelie (35) hat sich erfolgreich von einem Burnout erholt. Sie war Controllerin bei einer Bank, hat sich aber zur Lehrerin umschulen lassen. Sie genießt den Kontakt zu den Kindern. Seit einem Jahr gibt es in ihrer Beziehung Schwierigkeiten. Bei verschiedenen Untersuchungen hat sich herausgestellt, dass sie und ihr Partner nicht ohne weiteres Kinder werden bekommen können. Wenn beide Kinder wollen, werden sie sich in die Mühle der Fortpflanzungsmedizin begeben müssen. Vor Kurzem ist Cornelies Vater ernstlich erkrankt.

Cornelie hat im Moment von allem die Nase gestrichen voll. Sie trinkt zu viel und hat nach einigen Gläsern einmal mit einem anderen Mann herumgeknutscht. Am nächsten Tag fühlte sie sich enorm schuldig. Sie schämt sich wegen ihres ausschweifenden Verhaltens in der letzten Zeit und schlägt ihrem Freund vor, in Beziehungstherapie zu gehen.

Luder und lahme Ente

Der Beziehungstherapeut lässt die beiden mit Kernquadranten arbeiten, damit sie Einsicht in ihre Beziehung bekommen. Er fragt Cornelie nach ihren Kernqualitäten bei der Arbeit. Ihre Kernqualität ist Organisieren. Ihr Fallstrick, das Zuviel des Guten, ist ein herrischer Wesenszug, Kontrolle haben wollen. Ihre Herausforderung ist das Loslassen.

Der Therapeut merkt an, dass Menschen oft jemanden heiraten, der ihr genaues Gegenteil darstellt. Cornelie prustet los vor Lachen. Sie ist allergisch gegen lahme Enten. Und was ist der Fallstrick ihres Freundes, was wirft man ihm bei der Arbeit vor? Genau das, dass er eine lahme Ente ist. Die Kernqualität ihres Freundes Max bei der Arbeit besteht darin, dass er sehr entspannt und sozial kompetent ist. Für Cornelie ist er manchmal zu entspannt. Dann hat ihr Freund beispielsweise seine Urlaubstage nicht geregelt. Das geht schon in Ordnung, sagt er in solchen Fällen. Das macht Cornelie wütend, weil sie auf die Schulferien festgelegt ist. Er vermeidet Kontrolle, weil er sich unbewusst immer noch gegen seinen tyrannischen Vater zur Wehr setzt.

Cornelie

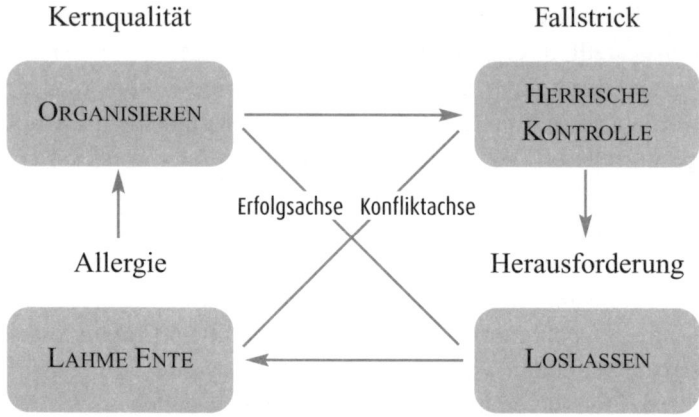

Cornelie und ihr Freund können also von der jeweiligen Kernqualität des Partners lernen: Sie stellt jeweils genau die Herausforderung für den anderen dar.

Anders als bei der Arbeit fällt es Max schwer, in der Beziehung entspannt zu sein. Er kontrolliert Cornelie und will immer wissen, wo sie hingeht. Seit Cornelie auch noch mit einem anderen Mann geknutscht hat, ist sein Kontrollbedürfnis noch gewachsen. Cornelie wird dadurch aufsässig und flirtet erst recht mit anderen, um Max zu ärgern. Der Drang zur Kontrolle erwächst also aus Unsicherheit. Cornelie und Max fordern abwechselnd Bestätigung durch den anderen ein.

Max

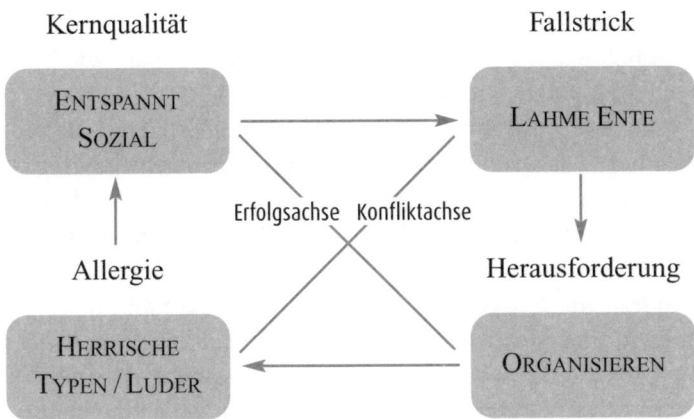

Beide wollen künftig mehr auf der Basis ihrer jeweiligen
Kernqualitäten miteinander umgehen. Cornelie nimmt sich
vor, selbst mehr Kontrolle über sich auszuüben, wenn sie mit
ihren Freundinnen unterwegs ist, während Max das Sozialle-
ben von Cornelie immer mehr loslassen will.

12. Gipfel-Erfahrungen

Gipfel-Erfahrungen machen uns deutlich, was im Leben wirklich wichtig ist. Was sind Gipfel-Erfahrungen, wie können wir von ihnen lernen?

Die Gipfel-Erfahrung, die fast jeder Mensch kennt, ist Verliebtheit. Man weiß nicht genau, was mit einem geschieht, aber dass etwas geschieht, dessen ist man sich sicher. Man erlebt etwas mit einem anderen Menschen, das einen tief berührt. Es geht nicht nur darum, wie dieser andere aussieht, sondern vor allem darum, was er oder sie ausstrahlt, was er in seinem Innersten ist, was er oder sie einem bedeutet. Natürlich, man kann sich täuschen, es kann passieren, dass man in dem anderen etwas sieht, was gar nicht da ist, aber genausogut kann es sein, dass das Gefühl der Verliebtheit sich zu einer lebenslangen Liebe entwickelt.

Eine eigene kreative Arbeit

Lucy besitzt ein eigenes Designbüro. Um ihren vierzigsten Geburtstag herum wurde es in ihrem Leben turbulent. Sie hatte immer schon unter wechselnden Stimmungen gelitten, was sich nun noch verstärkte. Ihr Mann verließ sie, Angestellte gingen weg. Ein neuer Kompagnon empfahl sich, der ihr als Geliebter genügte, aber mehr Geld kostete, als er der Firma einbrachte.

An Arbeitslust mangelte es Lucy nicht. Um die Designaufträge fertigzubekommen, arbeitete sie von morgens um vier bis abends um elf. Ihre Auftraggeber waren hochzufrieden mit ihr, beklagten höchstens einmal, dass sie nie wirklich zu einer Deadline fertig war. Mit ihrem Steuerberater brachte sie die finanziellen Aspekte in Ordnung. Sie berechneten, wie viel Umsatz Lucy benötigte, um die Fixkosten zu bezahlen und noch einigermaßen gut leben zu können. Mit einigen wenigen festen Kunden würde sie über die Runden kommen.

Lucys größtes Problem waren ihre Stimmungsschwankungen. Diese nahmen zu, als sie mehr Freizeit bekam. Sie fing an, mehr zu trinken. Was blieb ihr denn sonst, jetzt, wo sie keine großen Stapel mit Arbeit mehr vor sich hatte? Sie fühlte sich sehr allein, schaltete eine anspruchsvolle Kontaktanzeige, wurde aber sehr traurig angesichts der Reaktionen. Was sie auf den Beinen hielt, war ihr Hund Dolf. Wenn sie manchmal so verzweifelt war, dass sie am liebsten nicht mehr weitergelebt hätte, ging ihr durch den Kopf: Und wer sorgt dann für Dolf?

Inmitten dieser extremen Unausgeglichenheit fiel Lucy ganz spontan eine schöne Kindergeschichte ein, ein Märchen über einen Hund. Es war, als wäre ihr diese Geschichte vom Kosmos geschenkt worden. Sie setzte sich an ihren PC und schrieb die Geschichte innerhalb eines Tages auf. In den darauffolgenden Tagen las sie die Geschichte immer wieder und fasste den Entschluss, sie verlegen zu lassen. Das war, was sie immer schon gewollt hatte: ein schönes, verrücktes Kinderbuch schreiben. Sie bat eine Freundin, das Buch zu illustrieren. Die Gestaltung übernahm sie selbst, nach ihren eigenen Vorstellungen.

Als sie das Buch dann fertig gebunden in Händen hielt, fühlte sie sich großartig. Zur Präsentation des Buches gab sie einen rauschenden Empfang und fühlte sich dabei zutiefst glücklich und zufrieden.

Sich selbst kennen
Lucy hat Schwierigkeiten damit, ihre Stimmungen in den Griff zu bekommen. Bei ihrer Arbeit kann sie diesen Umstand sogar nutzen, indem sie aus ihren wechselnden Stimmungen kreative Energie schöpft. Aber ihr Privatleben geht daran zugrunde.

Sich die Gegensätze innerhalb der eigenen Person bewusst zu machen ist ein erster Schritt auf dem Weg zu einem guten Umgang mit wechselnden Stimmungen. Welcher Mensch ist schon frei von Widersprüchen? Widerspruchsfreiheit anzustreben bedeutet einen unnötigen Aufwand an seelischer Energie. Würde man wirklich seine spielerische oder seine vernünftige Seite verlieren wollen? Vielleicht ist es besser, eine Art Regisseur für die verschiedenen Aspekte innerhalb der eigenen Person einzustellen.

Lucy beschließt, ihre Stimmungsschwankungen zu akzeptieren und sie für das Schreiben von weiteren Kinderbüchern zu nutzen: Daraus gewinnt sie viel positive Energie.

Bewunderung als Gipfel-Erfahrung

Gipfel-Erfahrungen spielen nicht nur bei der Partnerwahl eine Rolle. Bei manchen von uns ging auch der Berufswahl eine entsprechende Gipfel-Erfahrung voraus. Man sieht jemanden tanzen, zimmern, bildhauern, Gitarre spielen, reiten, Menschen operieren oder was auch immer. Diese Erfahrung wird als so inspirierend erlebt, dass man spontan den starken Wunsch hat: Das will ich auch machen. Für viele ist eine solche Erfahrung die Basis ihrer Berufswahl. Oder man bekommt von irgendwoher eine Inspiration, die dazu führt, dass man seine eigene Tätigkeit anders ausübt als bisher. Wer eine Dressurreiterin ihre Kür reiten sieht und sich bewusst macht, wie viel knochenhartes Training diesem geschmeidigen Pferdeballett vorausgeht, bekommt hinterher selbst auch wieder Lust, die Ärmel hochzukrempeln, um ein bestimmtes Ziel zu erreichen.

Wenn es um Verliebtheit oder die Inspiration für einen Beruf geht, ist vielen Menschen ein Bezug zu einer Gipfel-Erfahrung bewusst, während solche richtungsweisenden Erfahrungen in anderen Bereichen des Lebens oft versteckt bleiben. Jeder Mensch erlebt jedoch regelmäßig Gipfel-Erfahrungen. Wir verstehen es nur allzu oft nicht, die Erfahrung zu deuten und zu nutzen. Gipfel-Erfahrungen sind ein intensives sinnliches Erlebnis. Visuell wird uns etwas Schönes bewusst, das uns einfach so in unserem alltäglichen Leben begegnet: ein Spinnennetz mit Tautropfen vielleicht, die in der Morgensonne glitzern. Auch über unsere Haut können wir intensive Sinnesreize erfahren, etwa wenn wir eine Kuh auf der Weide streicheln und sie uns mit ihrer rauen Zunge die Hand leckt. Wenn Sie empfänglich für die Schönheit des Himmels sind, können Sie jeden Tag zum Sonnenuntergang einen Spaziergang machen und den Anblick genießen. Oder Sie unterhalten sich mit einem Menschen, der aus einem anderen Land stammt, über den Sternenhimmel in seiner Heimat – oder auch darüber, wie viel schwieriger es für ihn oder sie ist, als Immigrant einen Arbeitsplatz zu finden. Vielleicht sehen Sie danach die Situation von Einwanderern mit ganz neuen Augen.

Bei einer Gipfel-Erfahrung haben wir oft den Eindruck, die Dinge viel genauer wahrzunehmen als sonst. Die Umwelt erscheint ganz neu. Das kann auch geschehen, wenn man ein Buch liest oder ein Theaterstück sieht, das einen zutiefst berührt. Eine Gipfel-Erfahrung geht häufig mit Gefühlen von Ehrfurcht und Dankbarkeit einher: Dankbarkeit, jemanden kennen gelernt zu haben, die Schönheit der Natur erlebt zu haben, oder Dankbarkeit, am Leben zu sein.

Eine Gipfel-Erfahrung kann es auch sein, unmittelbar zu erfahren, dass eine Redensart oder ein Gemeinplatz etwas Wahres hat, wie beispielsweise »Geld ist nicht alles« oder »Tugend wird belohnt«. Das kann sich anfühlen, als würde diese Wahrheit ganz plötzlich mit einem Ruck zu Ihnen durchdringen. Auch das Gefühl »So wie jetzt sollte es immer sein« kann ein Indikator für eine Gipfel-Erfahrung sein.

Gipfel-Erfahrungen sind die Grundlage wichtiger Lebensentscheidungen. Es sind Erfahrungen, die eine Art Schockwelle auslösen und mit einer tiefen und als wahr erlebten Einsicht einhergehen. Sie können auch von einer transzendentalen Erfahrung sprechen – in dem Sinn, dass die Erfahrung Sie in Kontakt mit etwas gebracht hat, das außerhalb Ihrer eigenen Person liegt und eine große Bedeutung für Sie hat. Ich möchte nicht von einer »göttlichen Erfahrung« sprechen; vielmehr erleben Sie etwas in der Wirklichkeit, das immer schon da war und dessen wirklicher Wert sich Ihnen plötzlich offenbart.

Gipfel-Erfahrungen und Religion

Nach dem Psychologen Abraham Maslow (1908–1970), von dem die hier ausgeführten Gedanken über Gipfel-Erfahrungen größtenteils stammen,[9] lehren die Gipfel-Erfahrungen uns etwas über unser Verhältnis zur Welt. Sie bringen uns in Kontakt mit den Kernwerten des Lebens, die uns bei unserer Weiterentwicklung helfen.

Maslow hat gewissermaßen die Gipfel-Erfahrung aus dem engeren Kontext des Religiösen gelöst, mit dem inzwischen viele Menschen nur noch wenig anzufangen wissen. Eine Gipfel-Erfahrung ähnelt nämlich auch einer religiösen Erfahrung, wie etwa einer plötzlichen Bekehrung. Gipfel-Erfahrungen haben einen spirituellen Aspekt, setzen aber den Glauben an die Existenz Gottes nicht voraus.

Gipfel-Erfahrungen geben Antworten auf Fragen wie: Wie soll ich mich verhalten, was ist ein gutes Leben? Was ist das Beste für meinen Partner und die Kinder? Was ist Recht? Wahrheit? Tugend? Welche Beziehung habe ich zur Natur? Zum Tod? Zum Älterwerden? Schmerz? Krankheit? Wie kann ich ein beseeltes, sinnvolles, erfülltes Leben führen? Wie steht es mit meinem Verantwortungsgefühl gegenüber meinen Mitmenschen? Wofür stehe ich?

In einer Zeit, in der die Menschen immer seltener ihr Heil bei Religionen suchen, um Antworten auf diese Art von Fragen zu erhalten, müssen wir uns selbst auf die Suche nach Antworten begeben. Das können wir tun, indem wir innehalten bei unseren eigenen besonderen Erfahrungen in der Welt.

Übrigens haben Forschungsarbeiten zum Thema Glück ergeben, dass religiöse Menschen meist glücklicher sind als nichtreligiöse. Das kann man als Plädoyer für die Religion auffassen, aber auch als Indiz für die Notwendigkeit, Antworten auf Sinnfragen zu finden. Sie können es auch als Zeichen

---

9 Maslow, A. H. (1964, 1976): Religions, Values and Peak Experiences, Penguin Books

des Erwachsenseins nehmen, dass Sie Antworten auf diese Fragen nicht von einer Autorität erwarten, sondern aufgrund eigener Nachforschungen und eigener Erfahrungen finden möchten. Nicht die Religion als solche macht glücklicher, sondern Antworten zu bekommen auf religiöse Fragen und Sinnfragen.

Universelle Werte

Gipfel-Erfahrungen sagen uns etwas über allgemein geteilte menschliche Werte. Menschen, die im Leben scheinbar alles erreicht haben, können von einem Gefühl der Sinnlosigkeit überfallen werden. War das nun alles? Man lebt im Wohlstand, hat den Status, den man sich wünschte und den Sieg errungen, dem man nachgejagt ist. Das Ergebnis scheint dennoch nie zu genügen – es sei denn, es ist mit einem Wert verknüpft, den man als wichtig betrachtet. Gerade diese Art von Werten kann in einer Gipfel-Erfahrung deutlich werden: Die Erfahrung der *Wahrheit* – das Gefühl, zum Wesen einer Sache vorgedrungen zu sein, die *Schönheit* oder *Reinheit* von etwas zu erkennen. Die Erfahrung der *Güte:* die Erkenntnis, dass bestimmte Handlungen sofort unsere Zustimmung finden, dass es Dinge gibt, die ohne Wenn und Aber richtig sind, wenn man sie tut. Die Erfahrung der *Vollkommenheit*: Alles scheint an den richtigen Platz zu rücken, nichts fehlt. Die Erfahrung der *Einheit*: das Gefühl, irgendwo dazuzugehören und auf ganz unhinterfragte Weise Teil davon zu sein.

Gipfel-Erfahrungen sind oft mit dem Gefühl verknüpft, dass man die Grenzen des eigenen Ich überschreitet. Wir erleben dann ein Gefühl des Einsseins mit der Umgebung, das wiederum ein starkes Empfinden von Identität auslösen kann, weil es einem Sicherheit in Bezug auf die eigene Existenz gibt. Angst vergeht, das Sein bekommt Sinn; Sie wissen, was Sie zu tun haben.

Diese Art von Erfahrungen inspiriert, flößt Respekt ein, schenkt Trost, gibt Freude und leitet uns, wenn wir Entscheidungen zu treffen haben. Eine Gipfel-Erfahrung macht einen

Unterschied im Leben zwischen höher und tiefer, zwischen gut und schlecht. Man erlebt, dass das Leben der Mühe wert sein kann. Im nächsten Schritt geht es darum, diese Erfahrung zu deuten und daraus zu lernen.

Das neue Wissen kann eine Veränderung in der Haltung, der Wertschätzung oder der Perspektive bewirken. Es kann sein, dass man aufhört, in bestimmten Kategorien zu denken, dass man andere Menschen auf eine andere Art und Weise schätzen lernt oder dass man andere Dinge als bisher für sich wichtig findet. Oder dass wir lernen, Dinge, die sonst keine Aufmerksamkeit bekommen, mit einem neuen, frischen Blick zu sehen.

Sich öffnen

Genauso wie man körperlich gesünder lebt, wenn man seine Muskeln benutzt, so lebt man psychisch gesünder, wenn man seine psychischen Fähigkeiten in vollem Umfang zur Geltung bringt. Eine solche psychische Fähigkeit ist zum Beispiel, Inspiration aus Gipfel-Erfahrungen zu schöpfen. Das setzt voraus, dass man die Erfahrungen in den Momenten, in denen man sie macht, auch erkennt und dass man sie fördert und lernt, wie man sie am besten umsetzen kann.

Jeder von uns macht Gipfel-Erfahrungen. Aber nicht jeder erkennt dies auch. Das hat manchmal auch damit zu tun, dass man keine Worte für eine solche Erfahrung hat oder nicht so recht weiß, wie man sie einsortieren soll. Man kann diese Art von Erfahrungen auch bewusst übergehen, weil sie sich nicht in das eigene Welt- oder Selbstbild fügen.

Gipfel-Erfahrungen sind häufig unaussprechlich. Man benötigt ein spezielles Vokabular, um sie für sich selbst deutlich zu machen. Wenn Sie nun einmal nicht an die göttliche Offenbarung glauben, ja, wie sollte man dann bezeichnen, was Ihnen widerfahren ist? Die Erfahrungen sind oft universeller Art und können doch auf individuell verschiedene Art und Weise in Worte gefasst werden. Um Gipfel-Erfahrungen selbst zu erkennen und sie zu fördern, ist es hilfreich, sich anzuschauen, wie andere Menschen sie ausdrücken, beispielsweise in der Kunst. Wir kennen alle die Erfahrung, dass ein Film oder ein inspirierender Vortrag etwas in uns weckt, das bisher im Verborgenen war. Poesie, bildende Kunst, Tanz und Musik sind Ausdrucksmittel, die uns empfänglicher machen können für die Gipfel-Erfahrungen in unserem eigenen Leben.

Eine andere Möglichkeit, Gipfel-Erfahrungen zu erleben, besteht darin, bewusster zu leben. Übungen dazu finden Sie in vielen Büchern etwa über Achtsamkeitstraining, auch Mindfulness genannt, oder das »Acceptance-&Commitment-Training« (ACT).

Negative Gipfel-Erfahrungen

Bei Gipfel-Erfahrungen denkt man in erster Linie an positive Erfahrungen. Doch auch negative Erfahrungen können Gipfel-Erfahrungen sein. Für den Schriftsteller Bob den Uyl (1930–1992) war die Bombardierung von Rotterdam eine Gipfel-Erfahrung, die sein weiteres Leben und Schreiben wesentlich beeinflusst hat. »Oorlog is leuk«[10] heißt sein Erzählband, in dem er seine Erfahrung verarbeitet hat. Er hörte das pfeifende Geräusch der Bomben, die fielen, und fragte sich: »Hat mein Lehrer überlebt? Steht die Schule noch?« Mit der Straßenbahn fuhr er los, um sich den Krieg anzusehen, die fallenden Bomben, die tanzenden Häuser. Der Himmel, eine Filmleinwand. Die Atmosphäre ist ihm sein Leben lang in Erinnerung geblieben: eine Mischung aus Angst, Abenteuer, Geborgenheit und Gefahr. Auch wenn diese Gipfel-Erfahrung sich später negativ für ihn auswirkte – er wurde von Ängsten gequält –, war sie dennoch die prägende Inspiration seines Leben.

Erfahrungen von Unglück oder der Verlust eines geliebten Menschen führen bei den Betroffenen oft zu veränderten Vor-

---

10 Das Buch ist nicht in deutscher Sprache erschienen. Wörtlich übersetzt lautet der Titel etwa: »Krieg ist lustig« (d. Ü.)

stellungen darüber, was im Leben wirklich wichtig ist, was wirklich zählt. Ein Trost für Menschen, die einen Burnout erlebt haben: Man lernt daraus und stimmt sein Leben mehr auf die wesentlichen Dinge ab – die Dinge, um die es einem geht.

Versöhnung und Loslassen

Klaartje (41) hat sich ihr Leben lang einen Machtkampf mit ihrem Vater geliefert. Nie galt ihm ihre Leistung als gut genug, immer hatte er etwas an ihr auszusetzen. Trotzdem versuchte sie unbewusst und wider besseres Wissen, manchmal doch seine Anerkennung zu bekommen. Sie machte eine Therapie, die ihr viel gebracht hat, aber es blieb für sie ein Rätsel, warum ihr Vater sie so behandelte.

Irgendwann wurde ihr Vater schwer krank. Abwechselnd wachten die Kinder in den letzten Stunden seines Lebens an seinem Bett. In Gesprächen, in denen es scheinbar um nichts ging, versöhnte sich Klaartje mit ihrem Vater. Noch nie hatte sie ihn in so friedlicher Stimmung erlebt. Am letzten Tag zählte sie seine Atemzüge. Im Zimmer herrschte eine Atmosphäre der Stille. Gedämpftes Licht fiel in den Raum. Als ihr Vater immer ruhiger wurde und langsam das Bewusstsein verlor, wusste Klaartje, dass er alles losließ. Jetzt konnte auch sie ihn loslassen. Ihre Trauer über den Tod des Vaters mischte sich mit einem starken Gefühl der Erleichterung und Befreiung. Es war ihr bewusst, dass sie kaum jemandem würde erzählen können, dass dies eine Gipfel-Erfahrung für sie war: die Hand des Vaters halten in dem Moment, in dem er seinen Atem aushauchte.

Bleibende Veränderung

Wer dauerhaft die Balance in seinem Leben finden möchte, muss darauf achten, dass seine Entscheidungen eine Verbindung zur eigenen Lebensgeschichte aufweisen und zu den eigenen Möglichkeiten passen. Veränderungen müssen im Hinblick auf (bisherige) Gewohnheiten eingeleitet und auf den individuellen Lebenskontext abgestimmt werden.

Ihre persönliche Lebensgeschichte ist die Summe all dessen, was in Ihrem Leben vorgefallen ist, und aller Entscheidungen, die Sie getroffen haben. Sehen Sie sich Ihre Geschichte einmal Stück für Stück an und werten Sie die Resultate Ihrer Entscheidungen aus. Inwieweit passen Ihre Erkenntnisse darüber, was im Leben wirklich wichtig ist, zu Ihrem Lebenslauf?

Ihre Selbsterkenntnis haben Sie mit den Übungen in diesem Buch vertiefen können, Sie haben sich Ihre Werte und das, wofür Sie stehen, bewusst gemacht. Wie passt das, wofür Sie stehen, mit dem zusammen, was Ihnen im Leben wichtig ist? Passt es gut zusammen oder gibt es Unterschiede, und wenn ja, wie groß sind diese Unterschiede?

Eine Veränderung im Leben führt oft automatisch zu Veränderungen der persönlichen Gewohnheiten. Wie passt das, was Sie für sich als wichtig definiert haben, zu Ihren derzeitigen Gewohnheiten? Gibt es Gewohnheiten, die Sie besser anpassen sollten? Welche? Können an deren Stelle neue Gewohnheiten treten, die die dauerhafte Balance stärken?

Passt Ihre Entscheidung in den Kontext, in dem Sie leben? Oder zieht die eine Entscheidung eine andere nach sich, vielleicht einen Ortswechsel? Ein Baum, den man versetzt, kann in der neuen Erde kräftiger werden und üppiger blühen. Aber gleichzeitig gilt: Je älter der Baum, desto behutsamer muss der Ortswechsel vorbereitet werden, um Schäden zu verhindern.

Die folgende Übung hilft Ihnen dabei, Ihre Gipfel-Erfahrungen für ein intensives und glückliches Leben zu deuten und positiv zu nutzen.

Positive Lebensereignisse: Zeigen Sie Flagge

Ziehen Sie auf Papier eine Linie, die für die Zeit Ihres Lebens steht, und markieren Sie auf dieser Linie ausschließlich positive Ereignisse. Egal, wie unbedeutend die eine oder andere Erfahrung erscheinen mag, freuen Sie sich daran und setzen

Sie an dieser Stelle eine Flagge. Analysieren Sie das Muster der positiven Erfahrungen. Was hat Sie bisher in Ihrem Leben und in Ihrer Arbeit glücklich gemacht? Was sagt die positive Zeitlinie über Ihr momentanes Leben aus? Wie könnten Sie im Jetzt dafür Sorge tragen, dass Sie mehr Gipfel-Erfahrungen machen? Sie können diese Erfahrungen nicht erzwingen, aber indem Sie sich die Erfahrungen bewusst machen, können Sie sich für die Dinge öffnen, die ihnen den Weg bereiten.

Machen Sie diese Übung zweimal im Jahr. Sie werden erleben, dass Sie, wenn Sie sich das Positive in Ihrem Leben bewusst machen, viel mehr Gipfel-Erfahrungen haben werden als früher. Zeigen Sie Ihre Flaggen, zählen Sie Ihre Segnungen!

Anhang

Literatur

a) Deutschsprachige Literatur

Childre, Doc/Rozman, Deborah (2006): Stressfrei mit Herzintelligenz®, VAK-Verlag.

Covey, Stephen R. (2006): Der 8. Weg: mit Effektivität zu wahrer Größe, Gabal-Verlag.

McKenna, Paul (2005): Ein neues Leben in 7 Tagen, Goldmann.

Schwartz, Tony/Loehr, Jim (2003): Die Disziplin des Erfolgs, Econ.

Sapolsky, Robert M. (1996): Warum Zebras keine Migräne kriegen, Piper.

Sass, Henning/Wittchen, Hans U./Zaudig, Michael/Houben, Isabel (2003): Diagnostische Kriterien DSM-IV-TR, Hogrefe.

Servan-Schreiber, David (2004): Die neue Medizin der Emotionen, Kunstmann.

Weldon, Fay (2007): Was Frauen glücklich macht, Kiepenheuer.

b) Fremdsprachige Literatur

Cloninger, C.R. (2004): Feeling Good, the Science of Well-Being, Oxford University Press.

Cohen, S., Tyrell / D.A., et al. (1991): Psychological stress and susceptibility to the common cold. New England Journal of Medicine, vol. 325 (9), pp 606–612.

Dew, M.A./Kormos, R.J, et al. (2001): Prevalence and risk of depression and anxiety-related disorders during the year after heart transplantation, General Hospital Psychiatry, 18 (Suppl. 6) 48–61.

Fangent, F. (2006): Toujours mieux! Psychologie du Perfectionnisme, Odile Jacob.

Gaillard, A. (2003): Stress, productiviteit en gezondheit, Uitgeverij Nieuwezijds, 2. Auflage.

Hayes, S. C. (2006): Uit je hoofd, in het leven, Uitgeverij Nieuwezijds.

Langelaan, S. (2007): Burnout and Work Engagement, Dissertation, Uitrecht.

Marin, P. N./Darin, T./Amemiya, et al. (1992): Kortisol Secretion in relation to Body-Fat distribution in Obese premenopausal Women, Metabolism, 41 (8): 882–886.

Maslow, A. H., (1964): Religions, Values, and Peak Experiences. Kappa Delta Pi.

Mommersteeg, P. M.. (2006): The Physiology of Burnout, Dissertation, Uitrecht.

Ornish, D./Scherwitz, L. W., et al. (1998): Intensive Lifestyle Changes for Reversal of Coronary Heart Disease. Journal of the American Medical Association, vol. 280, no 231, december 16.

Rothschild, B. (2006): Help for the helper, W. W. Norton & Company.

Sonnenschein, M. (2007): Sick with burnout – clarified through electronic diaries, Dissertation, Uitrecht.

Taris, T. W./Schaufeli, W. B./Verhoeven, L. C. (2005): Workaholism in the Netherlands: Measurement and implications for job-strain and work-nonwork conflict. In: Applied Psychology: An International Review, Vol. 54, 37–60.

Veghel, N. van (2005): Two models at work. A study of interactions and specificity in relation to the Demand-Control Model and the Effort-Reward-Imbalance Model, Dissertation, Uitrecht.

Zorzet S., Perissin, L. et al. (1998): Restraint stress reduces the antitumor efficacy of cyclophosphamide in tumorbearing mice, Brain Behaviour Immunology, March, 12 (1) 23–33.

Quellennachweis

Manche Abschnitte in diesem Buch basieren auf Interviews, die ich verschiedenen Frauenzeitschriften gegeben habe, und auf eigenen Beiträgen in diesen Zeitschriften.

Die Beschreibung der physischen Stressbeschwerden in Kapitel 3 basiert unter anderem auf Rothschild (2006, s.o.), Mommersteeg (2006) und Gaillard, A. (2003).

Die Selbstcoaching-Fragen

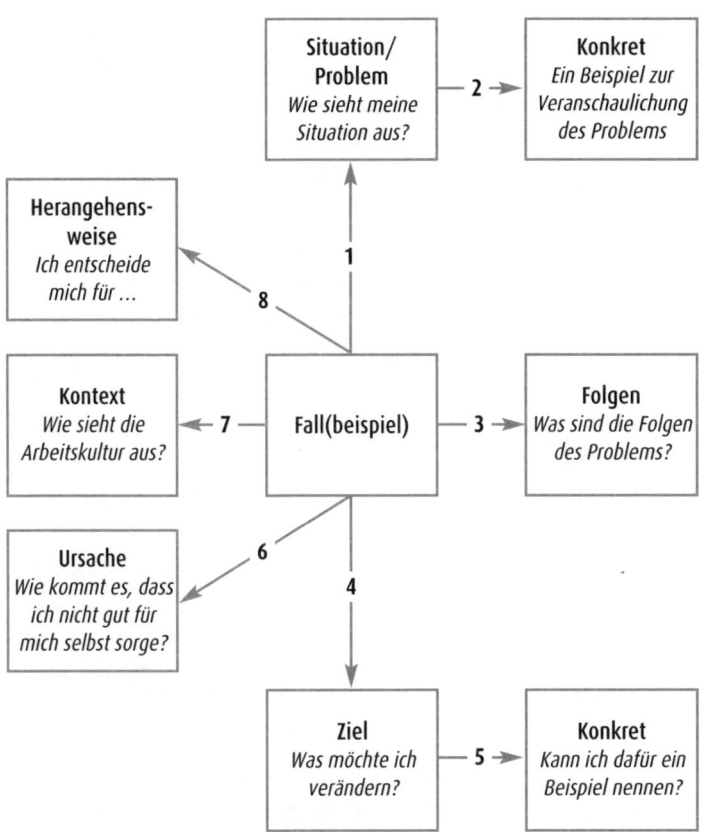

Arbeiten Sie beim Selbstcoaching mit den folgenden Fragen:

1. Wie sieht meine Situation aus?
2. Kann ich ein Beispiel für dieses Problem nennen?
3. Was sind die Folgen?
4. Was möchte ich verändern?
5. Kann ich dafür ein Beispiel nennen?
6. Wie kommt es, dass ich nicht gut für mich selbst sorge?
7. Wie sieht die Arbeitskultur aus?
8. Ich entscheide mich für …

Dank

Vor einigen Jahren machte Greet Andringa bei mir ein Praktikum. Sie arbeitete als Ärztin in der Versorgung von Suchtkranken, hatte Erfahrung mit Burnout und fand, dass ich in meinen bisherigen Büchern über Burnout einen blinden Fleck für die Sinnsuche in der Arbeit hatte. Es reicht nicht, so ihre Vorstellung, nur die Burnout-Beschwerden zu behandeln, wir müssen Raum schaffen für Beseelung und Sinnsuche. Danke Greet, für diesen Anreiz.

Weiter gilt mein Dank all denjenigen, die ich coachen durfte, sowie den Unternehmen, Führungskräften, Personalentwicklern und Betriebsärzten, die ihre Mitarbeiter zu mir geschickt haben. Ich habe im Dialog mit der Praxis viel gelernt und vieles neu entwickeln können. Ich danke Kollegen wie Marga Akkerman, Ad Oud und Eric Verkade, die neue Therapieformen wie die Energiepsychologie und die Herzkohärenz-Methode mit mir teilten. Jip Driehuizen, mit dem ich bereits ein Buch über RSI-Beschwerden geschrieben habe, danke ich für die Zusammenarbeit beim Thema »Körperliche Folgen von Stress« und für seinen Beitrag zur Herzintelligenz®.

Klazien Laansma danke ich herzlich für die anregende Zusammenarbeit, ihre kritischen Kommentare und ihre Textbearbeitung. Mein spezieller Dank gilt Gerard Smit für seinen Enthusiasmus sowie seine Anregungen und Hilfe bei den Themen dieses Buches, die sich mehr mit den seelischen Aspekten des Burnout befassen.